Babette Ulmer

Niedliche Bonnets & Zwergenmützen *stricken*

CV

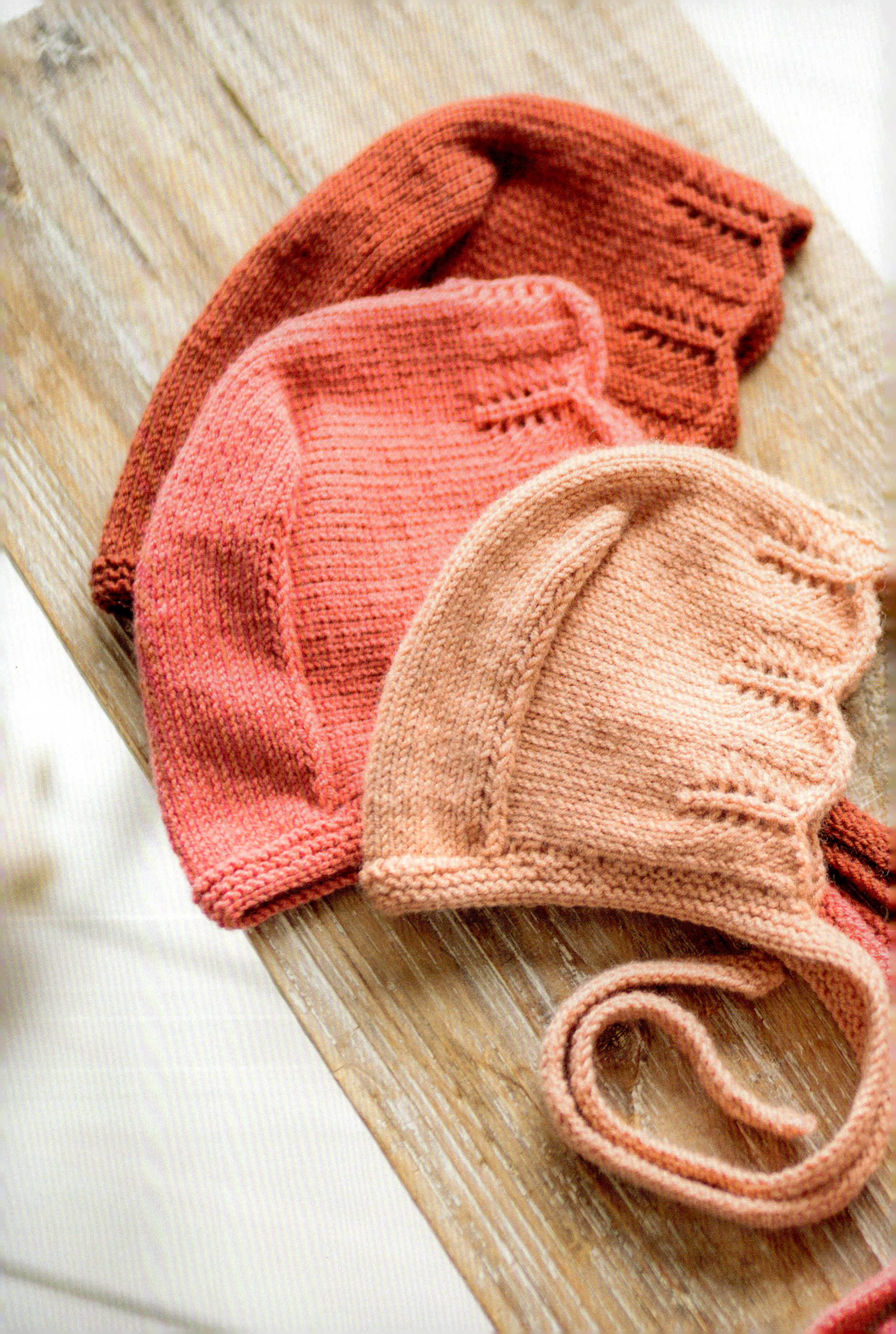

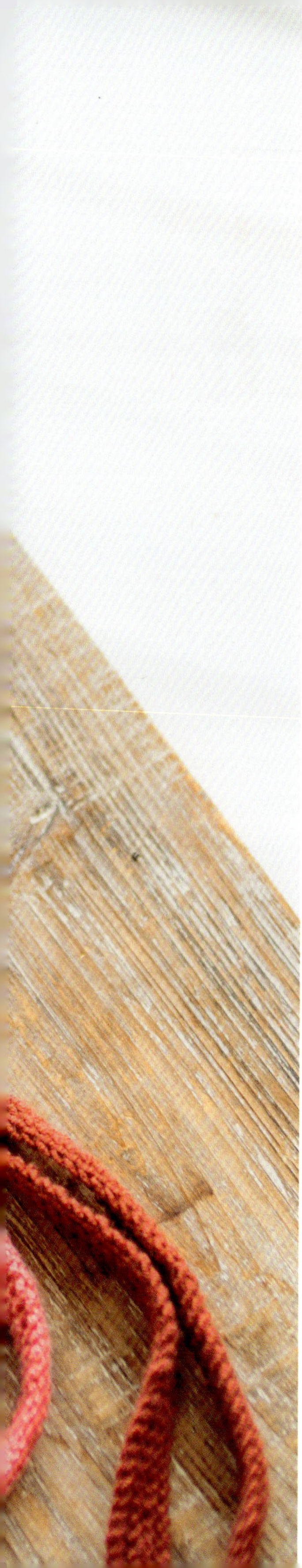

Inhalt

Vom Norden inspiriert

Jede Mama weiß: Von Mützen für den süßen Nachwuchs kann man nie genug haben! Und wenn sie dann noch so niedlich im Skandi-Style daherkommen, erst recht nicht. Daher habe ich für dieses Buch eine Auswahl an wunderschönen Bonnets und Zwergenmützen kreiert – von schlicht bis verspielt finden Sie hier mit Sicherheit die richtige Kopfbedeckung für Ihren Liebling. Ob mit Bommel, Zipfel, mit edlem Ajourrand, mit Schleife zum Binden oder mit ausgefallenem Muster: Diese Strickmützen werden Mamas und Kinder gleichermaßen lieben.

Die Anleitungen sind verständlich formuliert und in einem Grundkurs können Sie nachlesen, wie Maschen zusammengestrickt werden oder was es mit dem Maschenstich auf sich hat. Anhand der Schwierigkeitsgrade finden Handarbeitsanfänger und Profis für sie geeignete Projekte. Also ran an die Nadeln und viel Freude beim Stricken dieser einzigartigen Modelle!

Babette Ulmer

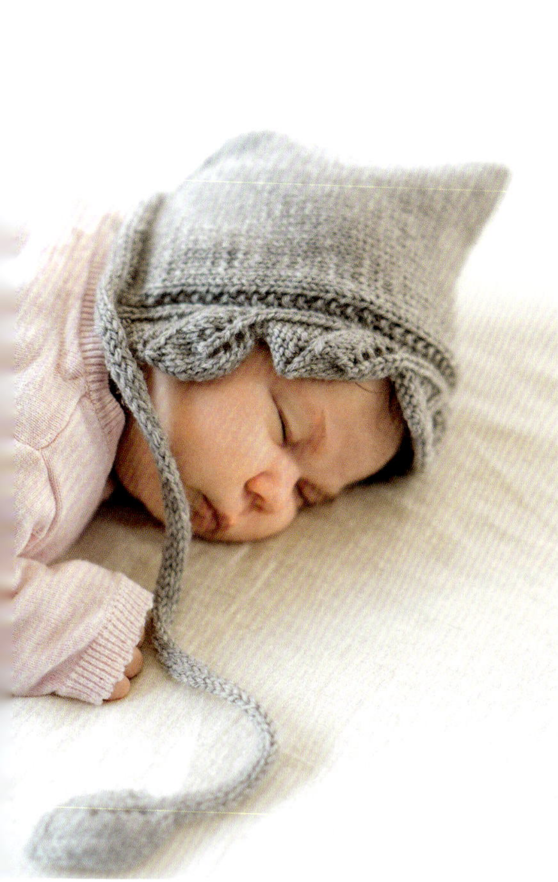
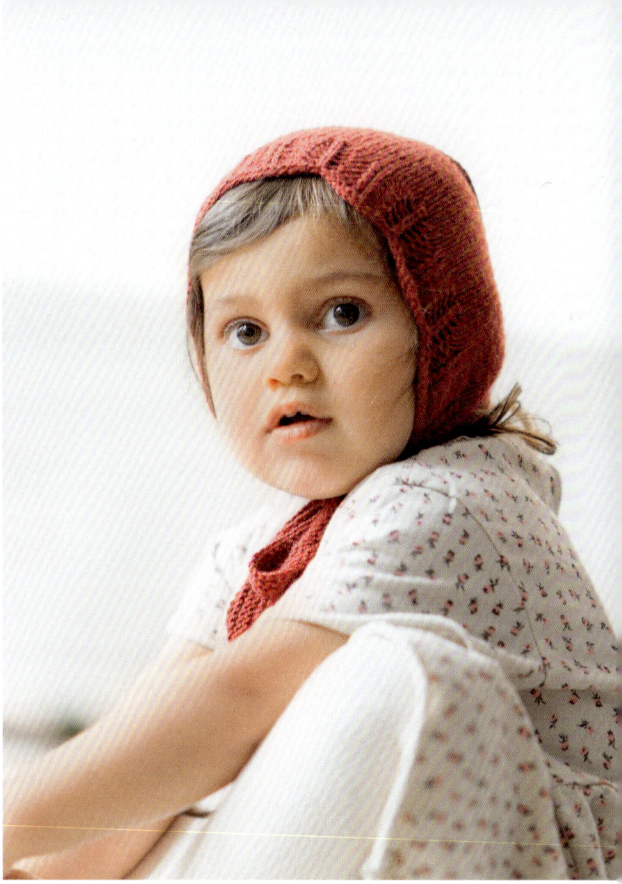
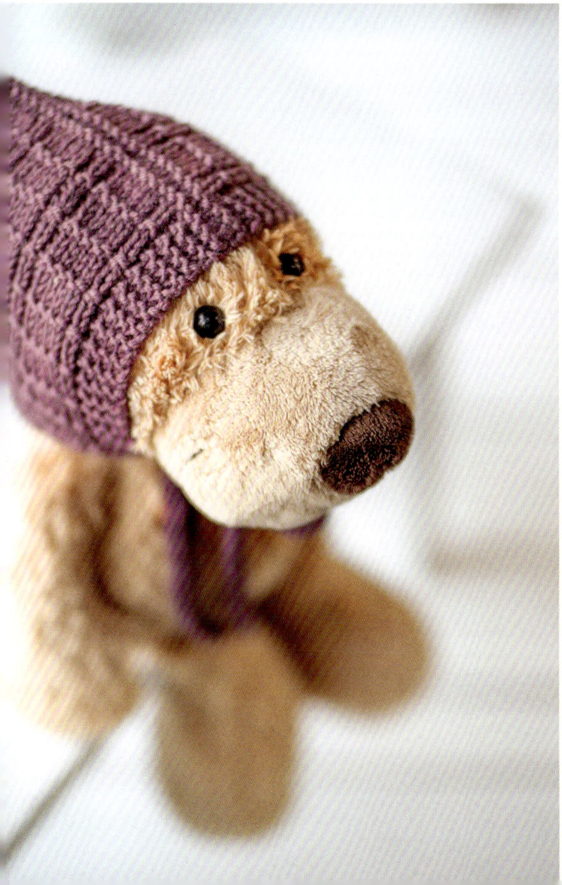
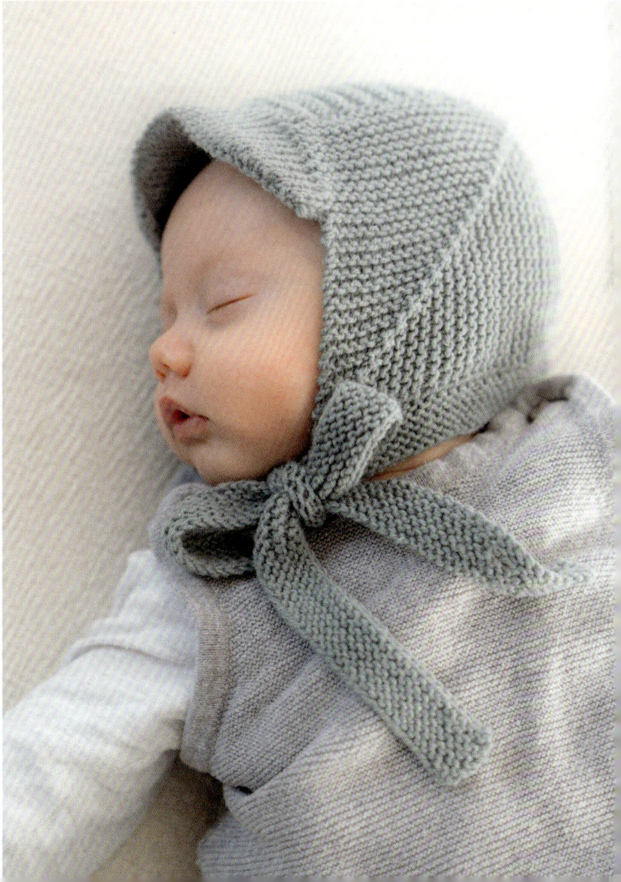

Lasse

Schwierigkeitsgrad: mittel

Größe: 62/68, 74/80 und 86/92
Die Angaben für die kleinste Größe stehen vor der ersten Klammer, die für die größeren Größen hintereinander in den Klammern. Steht nur eine Angabe, so gilt diese für alle Größen.

Material:

- Cool Wool Mélange (100 % Schurwolle, LL = 160 m/50 g) von Lana Grossa: pro Mütze je 50 g Graugrün meliert (Fb 109), Hellgrau meliert (Fb 122) oder Graubraun meliert (Fb 124); Stricknadeln in 3 mm.

Kraus rechts:
In Hin- und Rückreihen rechte Maschen stricken.

Glatt rechts:
In Hinreihen rechte Maschen und in Rückreihen linke Maschen stricken.

Glatt links:
In Hinreihen linke Maschen und in Rückreihen rechte Maschen stricken.

Querrippen:
2 Reihen glatt rechts, 2 Reihen glatt links im Wechsel stricken.

Doppel-Maschen:
Nach dem Wenden am Reihenanfang den Faden vor die Arbeit legen, von rechts in die 1. Masche einstechen, die Maschen und den Faden zusammen abheben. Danach den Faden fest über die Nadel nach hinten ziehen. Dadurch wird die Masche über die Nadel gezogen und liegt doppelt. In der folgenden Reihe die beiden Maschenteile zusammen erfassen und mustergemäß rechts oder links abstricken.

Maschenprobe:

Kraus rechts: 24 Maschen und 32 Reihen = 10 cm x 10 cm.
Querrippen: 24 Maschen und 40 Reihen.

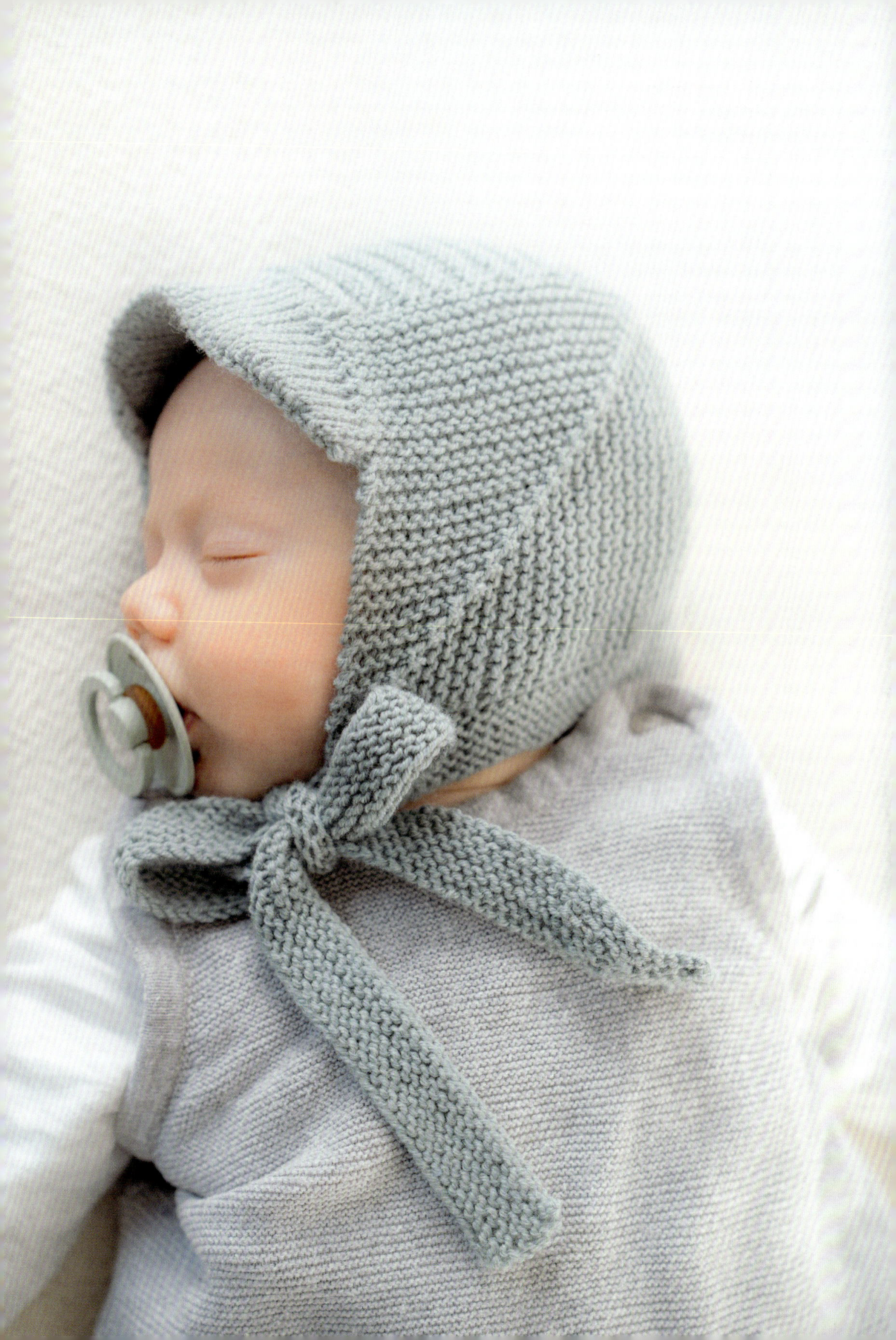

Lasse

So wird's gemacht

Für den **Mittelteil** 18 (20/22) Maschen in der gewünschten Farbe anschlagen und Querrippen stricken. Zur Formgebung beidseitig in jeder 14. Reihe 2x je 1 Masche zunehmen = 22 (24/26) Maschen. Nach 20 (21/22) cm = 80 (84/88) Reihen ab Anschlag alle Maschen abketten. Für die **Seitenteile** aus den seitlichen Rändern des Mittelteils je 51 (53/57) Maschen in der jeweiligen Farbe auffassen und kraus rechts stricken. Zur Formgebung in jeder Hinreihe die mittleren 3 Maschen mit oben aufliegender Mittelmasche rechts zusammenstricken (= 2 Maschen gemeinsam wie zum Rechtsstricken abheben, 1 Masche rechts stricken, dann die beiden abgehobenen Maschen zusammen überziehen). Die restlichen 3 Maschen rechts zusammenstricken und abketten.

Schild: Beidseitig der Abkett-Reihe des Mittelteils aus dem seitlichen Rand beider Seitenteile über 4 (4/4,5) cm jeweils 10 (10/11) Maschen und aus der Abkett-Reihe 16 (18/20) Maschen in der jeweiligen Farbe auffassen = 36 (38/42) Maschen. Glatt rechts stricken. Zur Formgebung beidseitig in jeder 2. Reihe 2x je 1 Masche, 3x je 2 Maschen und die mittleren 20 (22/26) Maschen stilllegen, dabei beim Wenden je 1 Doppel-Masche arbeiten. Nun für den Umbruch 2 Reihen kraus rechts über alle Maschen stricken. Danach glatt rechts weiterarbeiten, dabei beidseitig der mittleren 20 (24/28) Maschen in jeder 2. Reihe über 3x je 2 Maschen und 2x je 1 Masche mehr arbeiten, dabei beim Wenden je 1 Doppel-Masche arbeiten. Dann alle Maschen abketten.

Fertigstellung: In der jeweiligen Farbe für das erste Band 66 (72/78) Maschen anschlagen, aus dem unteren Mützenrand = Anschlag-Reihe des Mittelteils und dem seitlichen Rand der Seitenteile 64 (70/76) Maschen auffassen und für das zweite Band 66 (72/78) Maschen dazu anschlagen = 196 (214/232) Maschen. 2 cm = 10 Reihen kraus rechts stricken. Alle Maschen abketten. Den Schild am Umbruch nach innen umschlagen und annähen.

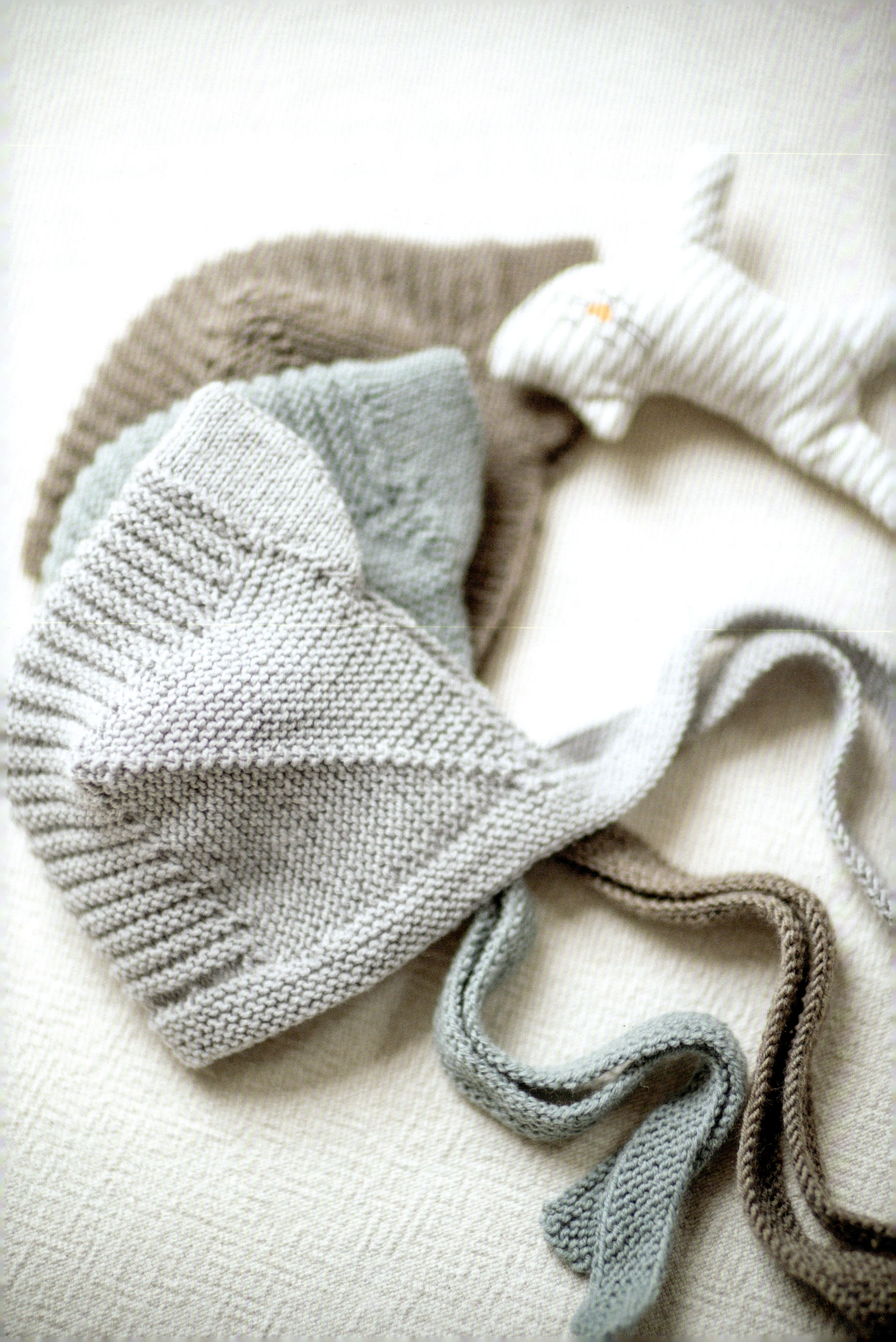

Anton

Schwierigkeitsgrad: mittel

Größe: 62/68, 80/86 und 98/104
Die Angaben für die kleinste Größe stehen vor der ersten Klammer, die für die größeren Größen hintereinander in den Klammern. Steht nur eine Angabe, so gilt diese für alle Größen.

Material:

- Sensitiva (100 % Schurwolle, LL = 185 m/50 g) von Schulana: pro Mütze je 50 g Babyblau (Fb 4), Hellbeige (Fb 5) oder Mint (Fb 2); Stricknadeln und Nadelspiel in 3,5 mm, Häkelnadel in 3 mm; 6 Maschenmarkierer.

Kraus rechts:
1 Runde rechte Maschen und 1 Runde linke Maschen im Wechsel stricken.

Glatt rechts:
In Runden immer rechte Maschen stricken.

Maschenprobe:

25 Maschen und 36 Runden = 10 cm x 10 cm.

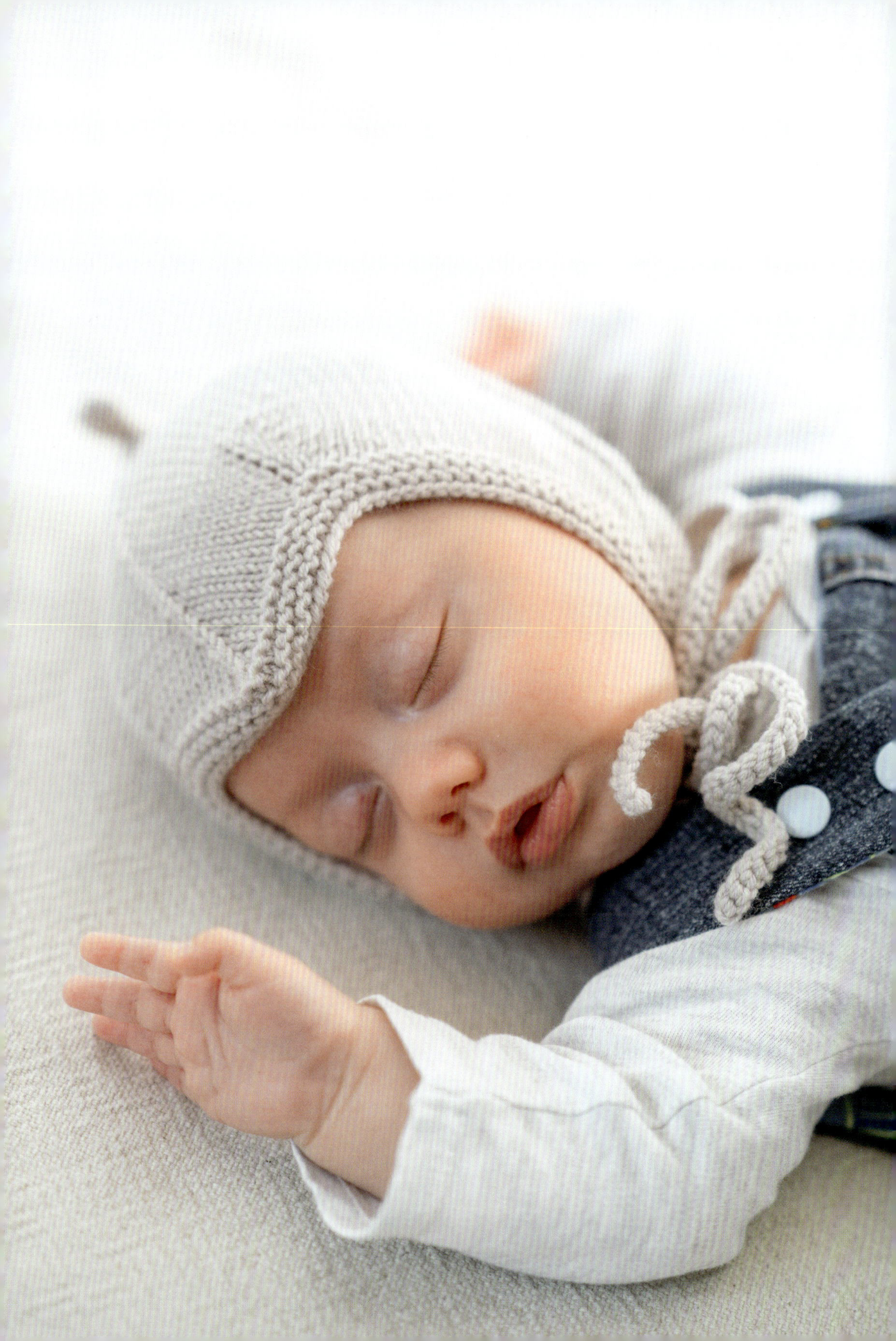

Anton

So wird's gemacht

116 (126/136) Maschen auf dem Nadelspiel in der gewünschten Farbe anschlagen, die Maschen gleichmäßig auf 4 Nadeln verteilen = 29 (31-32-31-32/34) Maschen pro Nadel, zur Runde schließen und für den Bund 1,5 cm = 6 Runden kraus rechts stricken.

Glatt rechts weiterarbeiten und in der 1. Runde folgende Maschen markieren: die 1. Masche, die 24. (26./28.) Masche, die 47. (51./55.) Masche, die 59. (64./69.) Masche, die 71. (77./83.) Masche und die 94. (102./110.) Masche.

Dann 6 (8/10)x in jeder 2. Runde vor und nach der 1., der 3. und der 5. markierten Masche je 1 Masche aus dem Querfaden rechts verschränkt herausstricken und über der 2., 4. und 6. markierten Masche je 3 Maschen mit oben aufliegender Mittelmasche rechts zusammenstricken, dafür die Masche vor der markierten Masche und die markierte Masche gemeinsam wie zum Rechtsstricken abheben, die folgende Masche rechts stricken, dann die beiden abgehobenen Maschen zusammen überziehen.

Danach in jeder 2. Runde nur noch die Abnahmen über der 2., 4. und 6. markierten Masche weiterarbeiten, bis vorne alle Maschen zwischen den Abnahmen aufgebraucht sind, über alle anderen Maschen glatt rechts stricken = 14 (18/16) Maschen. In der folgenden Runde stets 2 Maschen rechts zusammenstricken = 7 (9/8) Maschen. Die Maschen auf eine Nadel nehmen. * alle Maschen rechts, die Arbeit nicht wenden, sondern die Maschen wieder auf die linke Nadel legen; ab * stets wiederholen. Nach weiteren 15 Runden die restlichen 7 (9/8) Maschen abketten.

Fertigstellung: Mit der Häkelnadel in der jeweiligen Farbe eine 27 (29/31) cm lange Luftmaschenkette häkeln und 1 Reihe Kettmaschen arbeiten. Auf diese Weise 2 Bindebänder häkeln und an die seitlichen Ecken nähen. Den Zipfel an der Mützenspitze verknoten.

Hinweis: 1 Knäuel reicht für 2 Mützen.

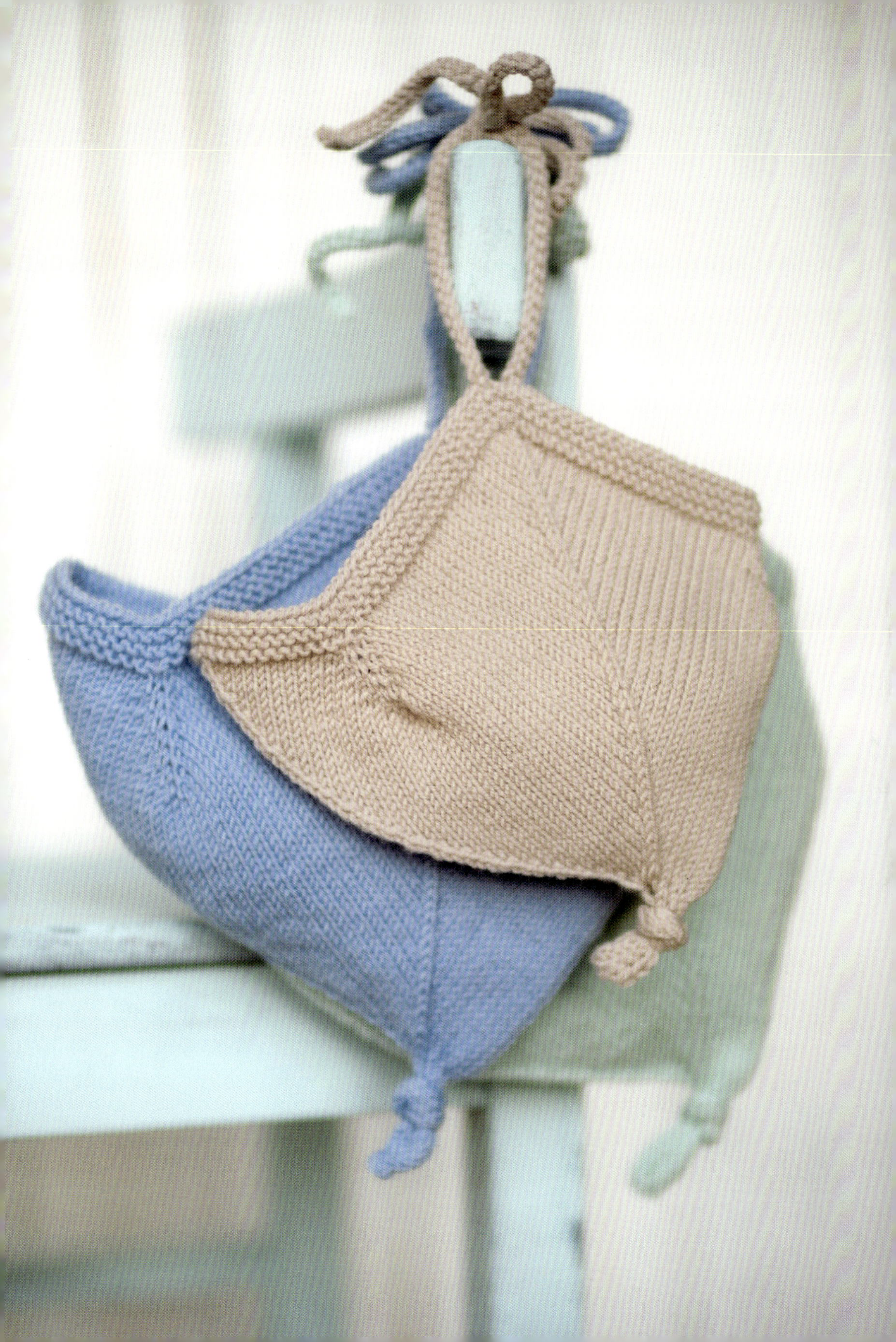

Madita

Schwierigkeitsgrad: einfach

Größe: Neugeborene, 50/56 und 62/68
Die Angaben für die kleinste Größe stehen vor der ersten Klammer, die für die größeren Größen hintereinander in den Klammern. Steht nur eine Angabe, so gilt diese für alle Größen.

Material:

- Cool Wool Big (100 % Schurwolle, LL = 120 m/ 50 g) von Lana Grossa: pro Mütze je 50 g Beere meliert (Fb 218) oder Blaugrün meliert (Fb 204); Stricknadeln in 3,5 mm.

Kraus rechts:

In Hin- und Rückreihen rechte Maschen stricken.

Strukturmuster:

Maschenzahl teilbar durch 7 + 3. Nach Strickschrift arbeiten. Es sind Hin- und Rückreihen gezeichnet, die Maschen sind notiert, wie sie gestrickt werden. Den Rapport von 7 Maschen zwischen den Pfeilen stets wiederholen und mit den 3 Maschen nach dem rechten Pfeil enden. Die 1. – 4. Reihe stets wiederholen.

Maschenprobe:

24 Maschen und 32 Reihen = 10 cm x 10 cm.

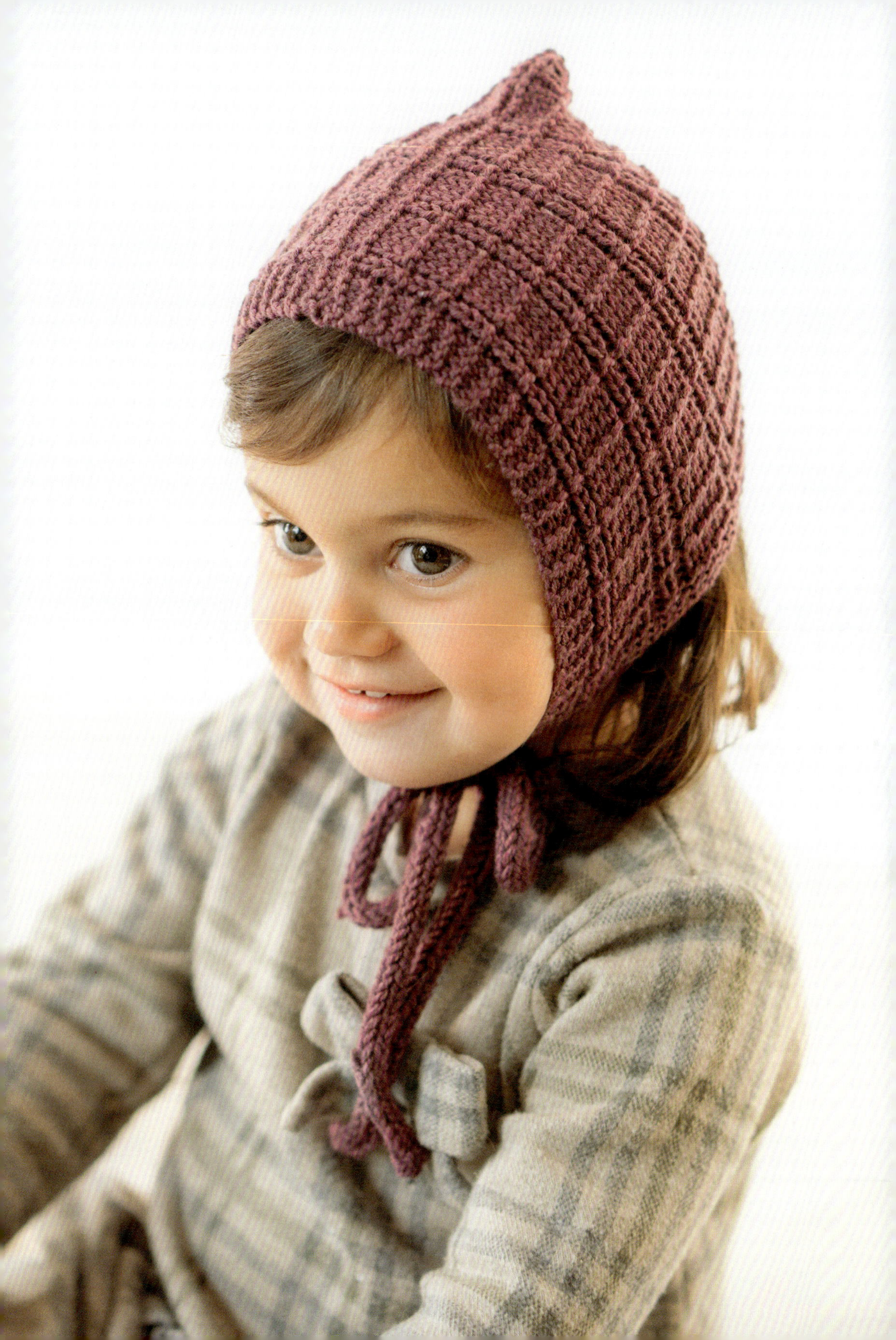

Madita

So wird's gemacht

60 (67/74) Maschen in der gewünschten Farbe anschlagen und für den Bund 2 cm = 5 Reihen kraus rechts stricken, dabei mit 1 Rückreihe beginnen. Die Maschen wie folgt einteilen: 4 Maschen kraus rechts (inklusive Randmasche), 52 (59/66) Maschen Strukturmuster, 4 Maschen kraus rechts (inklusive Randmasche). Nach 11,5 (12,5/13,5) cm = 36 (40/44) Reihen ab Bund alle Maschen stilllegen.

Band (2x): 4 Maschen in der jeweiligen Farbe anschlagen, * 4 Maschen rechts, die Arbeit nicht wenden, sondern die Maschen wieder auf die linke Nadel legen; ab * stets wiederholen. Nach 27 (30/33) cm alle Maschen abketten.

Fertigstellung: Die stillgelegten Maschen der Mütze im Maschenstich verbinden. Die Bänder an die unteren Mützenecken nähen.

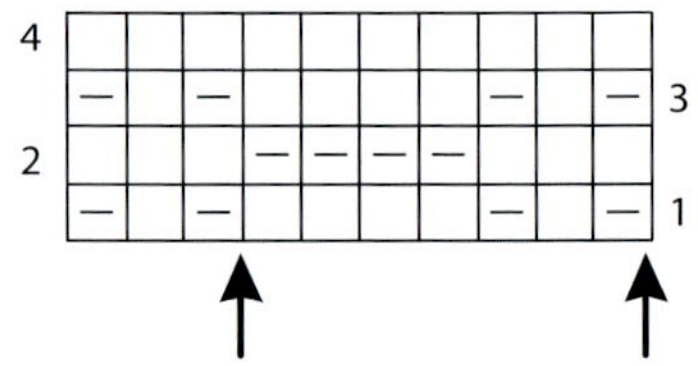

Zeichenerklärung:

□ =1 Masche rechts

⊟ =1 Masche links

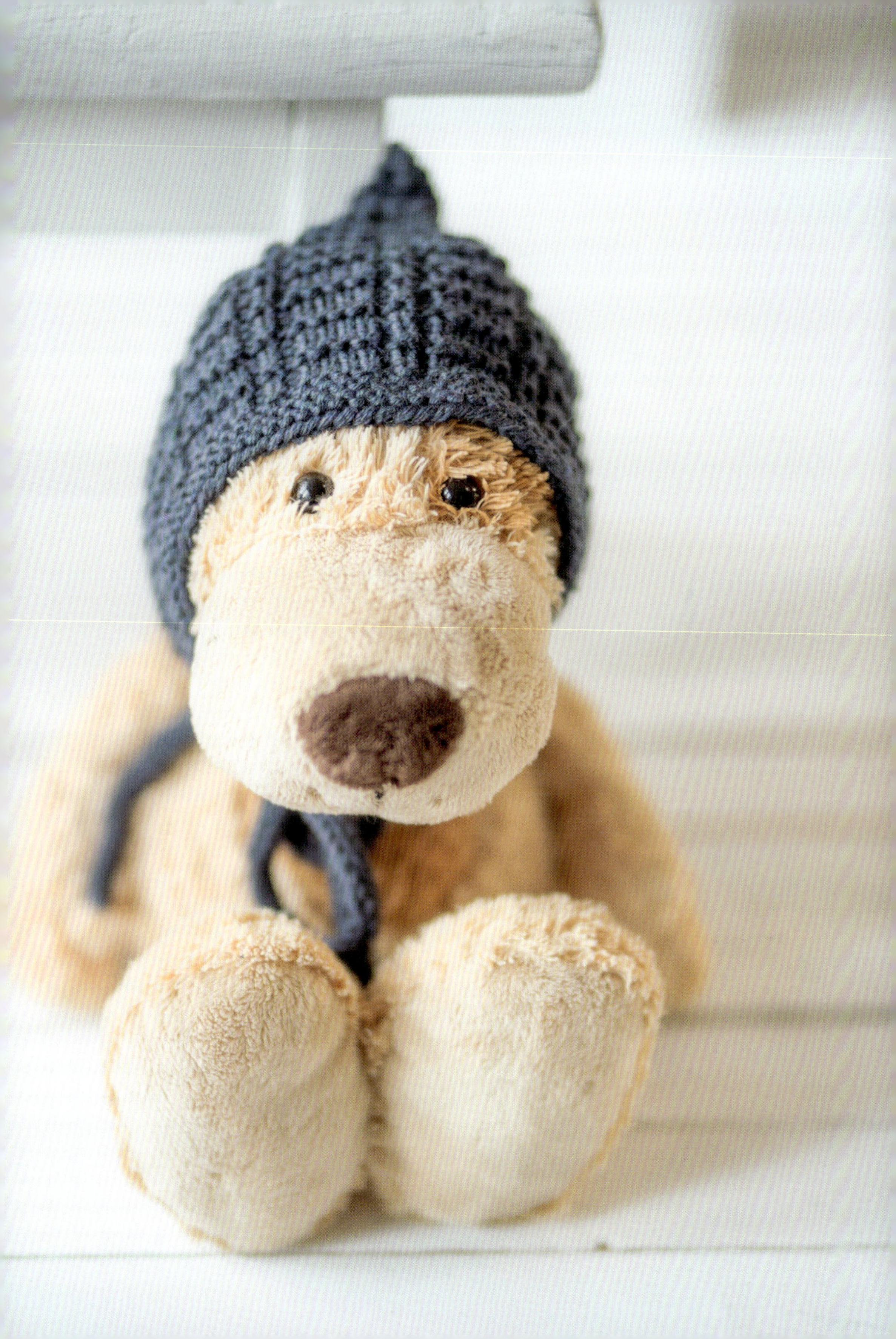

Lovis

Schwierigkeitsgrad: einfach

Größe: 62/68, 74/80 und 86/92

Die Angaben für die kleinste Größe stehen vor der ersten Klammer, die für die größeren Größen hintereinander in den Klammern. Steht nur eine Angabe, so gilt diese für alle Größen.

Material:

- Nuovo Merino 120 (100 % Schurwolle, LL = 120 m/50 g) von Junghans: pro Mütze je 50 (50/100) g Mint (Fb 138-094), Zartgelb (Fb 138-122) oder Puder (Fb 138-096); Stricknadeln und Rundstricknadel in 3,5 mm.

Kraus rechts:

In Hin- und Rückreihen rechte Maschen stricken.

Rippenmuster:

Maschenzahl teilbar durch 4 + 2 + 2 Randmaschen.

1. Reihe (Hinreihe): Randmasche, * 2 Maschen links, 2 Maschen rechts; ab * stets wiederholen, 2 Maschen links, Randmasche.

2. Reihe (Rückreihe): Die Maschen stricken, wie sie erscheinen.

Die 1. und 2. Reihe stets wiederholen.

Glatt rechts:

In Hinreihen rechte Maschen und in Rückreihen linke Maschen stricken.

Glatt links:

In Hinreihen linke Maschen und in Rückreihen rechte Maschen stricken.

Kraus rechts:

In Hin- und Rückreihen rechte Maschen stricken.

Querrippen:

* 3 Reihen glatt rechts, 3 Reihen glatt links; ab * stets wiederholen.

Maschenprobe:

Rippenmuster, leicht gedehnt: 26 Maschen und 30 Reihen = 10 cm x 10 cm.

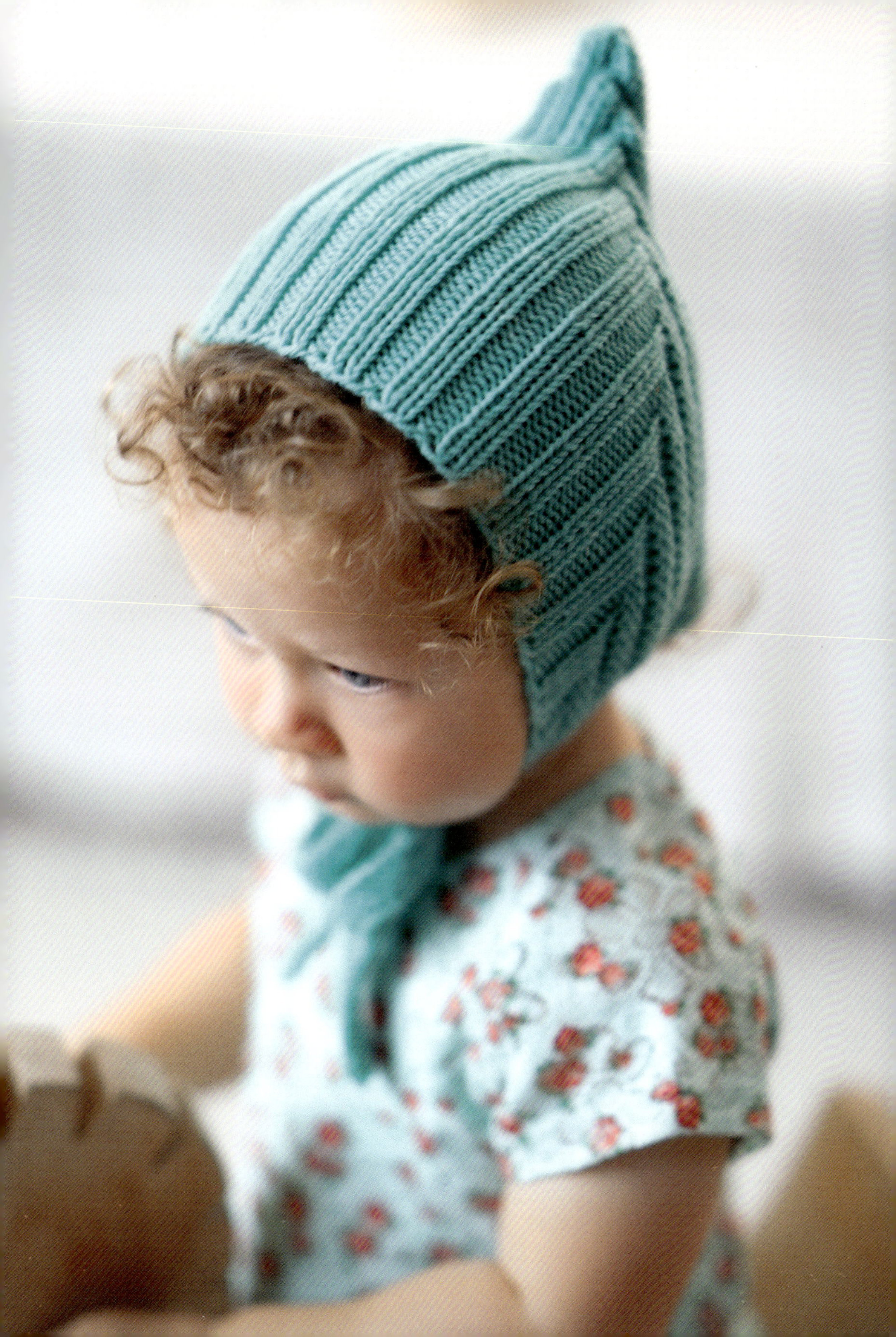

Lovis

So wird's gemacht

72 (76/80) Maschen mit den Stricknadeln in der gewünschten Farbe anschlagen und im Rippenmuster stricken, dabei mit 1 Hinreihe beginnen. Nach 4 Reihen ab Anschlag über die ersten und letzten 5 Maschen Querrippen stricken und über die mittleren Maschen das Rippenmuster fortsetzen. In der folgenden 3. Reihe über die ersten und letzten 7 Maschen Querrippen stricken. Fortlaufend in jeder 3. Reihe beidseitig über 2 Maschen mehr Querrippen stricken, dadurch verringert sich die Maschenzahl des Rippenmusters. Dies fortlaufend arbeiten, bis über alle Maschen Querrippen gestrickt werden. Dann die Maschen gleichmäßig auf 2 Nadel verteilen und stilllegen.

Fertigstellung: Die Maschen zur Hälfte links auf links legen und je 1 Masche der einen Nadel mit 1 Masche der anderen Nadel rechts zusammenstricken und abketten. Mit der Rundstricknadel in der jeweiligen Farbe für das erste Band 60 (64/68) Maschen anschlagen, aus dem unteren Mützenrand (= seitlichem Rand) 52 (56/60) Maschen auffassen und für das zweite Band noch 60 (64/68) Maschen dazu anschlagen = 172 (184/196) Maschen. 2 cm = 5 Reihen kraus rechts stricken. Dann alle Maschen abketten.

Hinweis: Durch die dehnbaren Muster ist die Mütze lange tragbar.

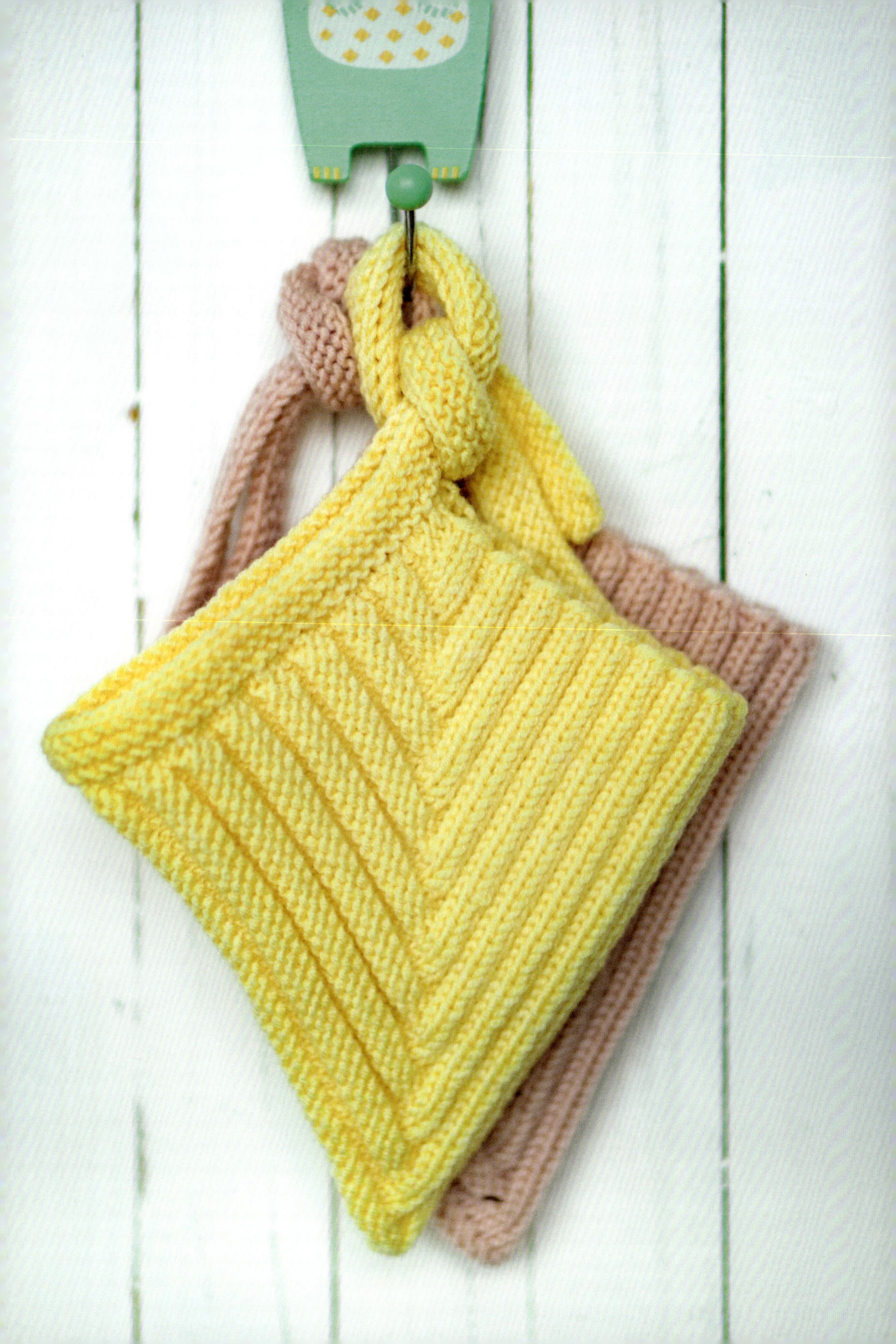

Linus

Schwierigkeitsgrad: einfach

Größe: Neugeborene, 50/56 und 62
Die Angaben für die kleinste Größe stehen vor der ersten Klammer, die für die größeren Größen hintereinander in den Klammern. Steht nur eine Angabe, so gilt diese für alle Größen.

Material:

- Woll Butt Primo Madeleine (100 % Schurwolle, LL = 150 m/50 g) von Buttinette: pro Mütze je 50 g Dunkelgrün (Fb 52.217.40), Dunkelgrau (Fb 52.253.47) oder Hellbraun (Fb 52.229.93); Stricknadeln in 3 mm; 1 Knopf mit 15 mm Durchmesser, Pompon-Set.

Kraus rechts:
In Hin- und Rückreihen rechte Maschen stricken.

Glatt rechts:
In Hinreihen rechte Maschen und in Rückreihen linke Maschen stricken.

Strukturmuster über 20 Maschen:
Nach Strickschrift arbeiten. Es sind nur die Hinreihen gezeichnet. In den Rückreihen alle Maschen stricken, wie sie erscheinen. Die 1. – 24. Reihe stets wiederholen.

Maschenprobe:

Glatt rechts:
26 Maschen und 34 Reihen = 10 cm x 10 cm.
Strukturmuster, leicht gedehnt:
20 Maschen und 34 Reihen = 6,5 cm x 10 cm.

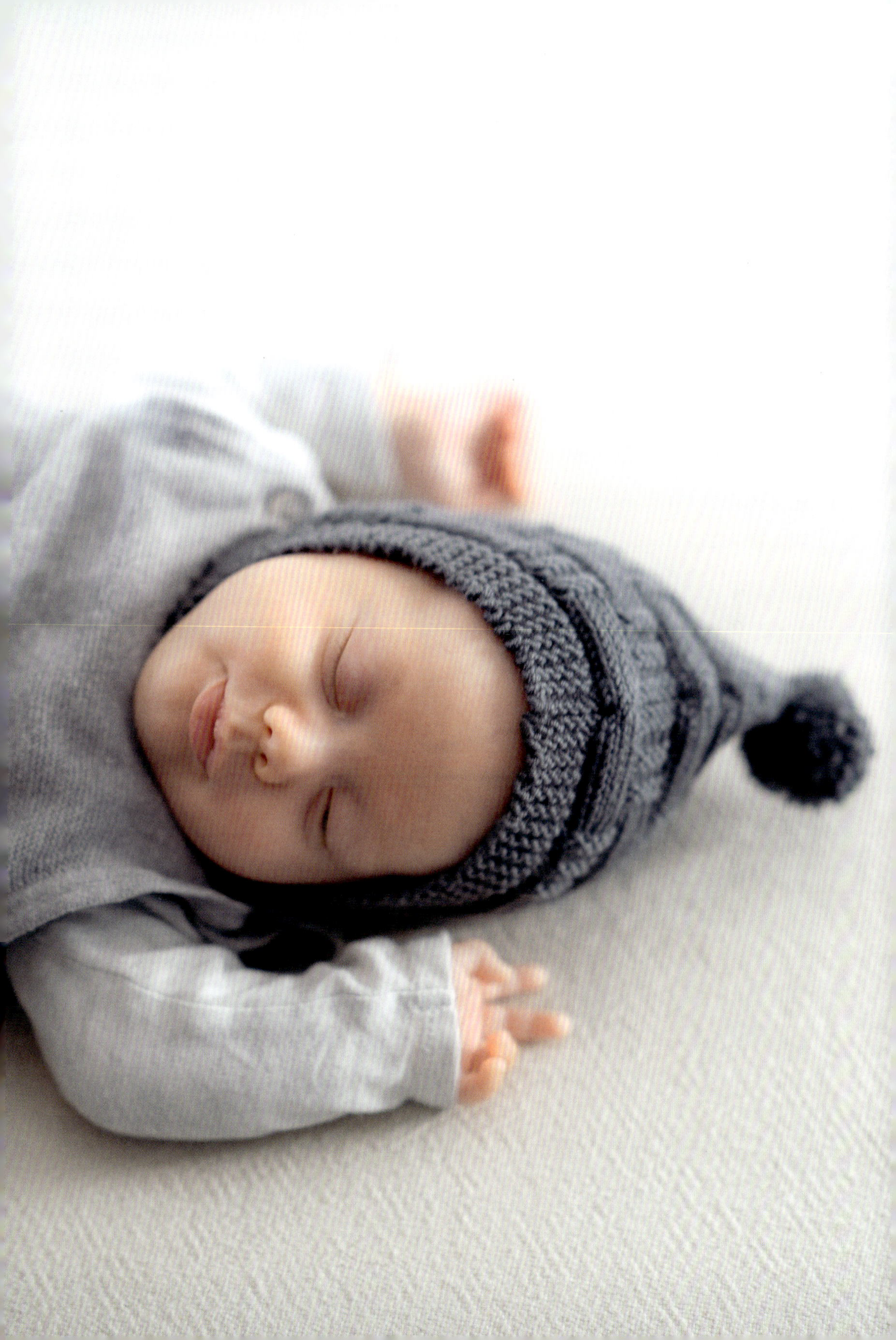

Linus

So wird's gemacht

84 (94/104) Maschen in der gewünschten Farbe anschlagen und kraus rechts stricken, dabei mit 1 Rückreihe beginnen. Nach 1 cm = 5 Reihen ab Anschlag 3 Knopflöcher in einer Hinreihe wie folgt arbeiten: 4 (5/6) Maschen rechts, * 2 Maschen rechts zusammenstricken, 1 Umschlag, 3 (4/5) Maschen rechts; ab * 2x arbeiten, 2 Maschen rechts zusammenstricken, 1 Umschlag, restliche Maschen rechts stricken. Nach 2 cm = 9 Reihen ab Anschlag am rechten Rand die ersten 20 (24/28) Maschen abketten und die restlichen 64 (70/76) Maschen wie folgt einteilen: 5 Maschen kraus rechts (inklusive Randmasche), 20 Maschen Strukturmuster, 14 (20/26) Maschen glatt rechts, 20 Maschen Strukturmuster, 5 Maschen kraus rechts (inklusive Randmasche). Nach 11,5 (12,5/13,5) cm = 40 (42/46) Reihen ab Bund alle Maschen stilllegen.

Fertigstellung: Die stillgelegten Maschen im Maschenstich verbinden. Den Knopf an die untere rechte Ecke nähen. Einen Pompon mit ca. 3,5 cm Durchmesser in der jeweiligen Farbe anfertigen und an der Mützenspitze anbringen.

Hinweis: Durch die verschiedenen Knopflöcher ist die Mütze verstellbar.

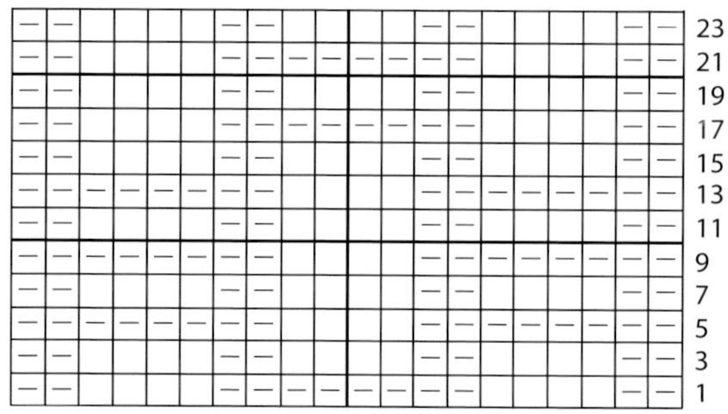

Zeichenerklärung:

□ = 1 Masche glatt rechts

⊟ = 1 Masche glatt links

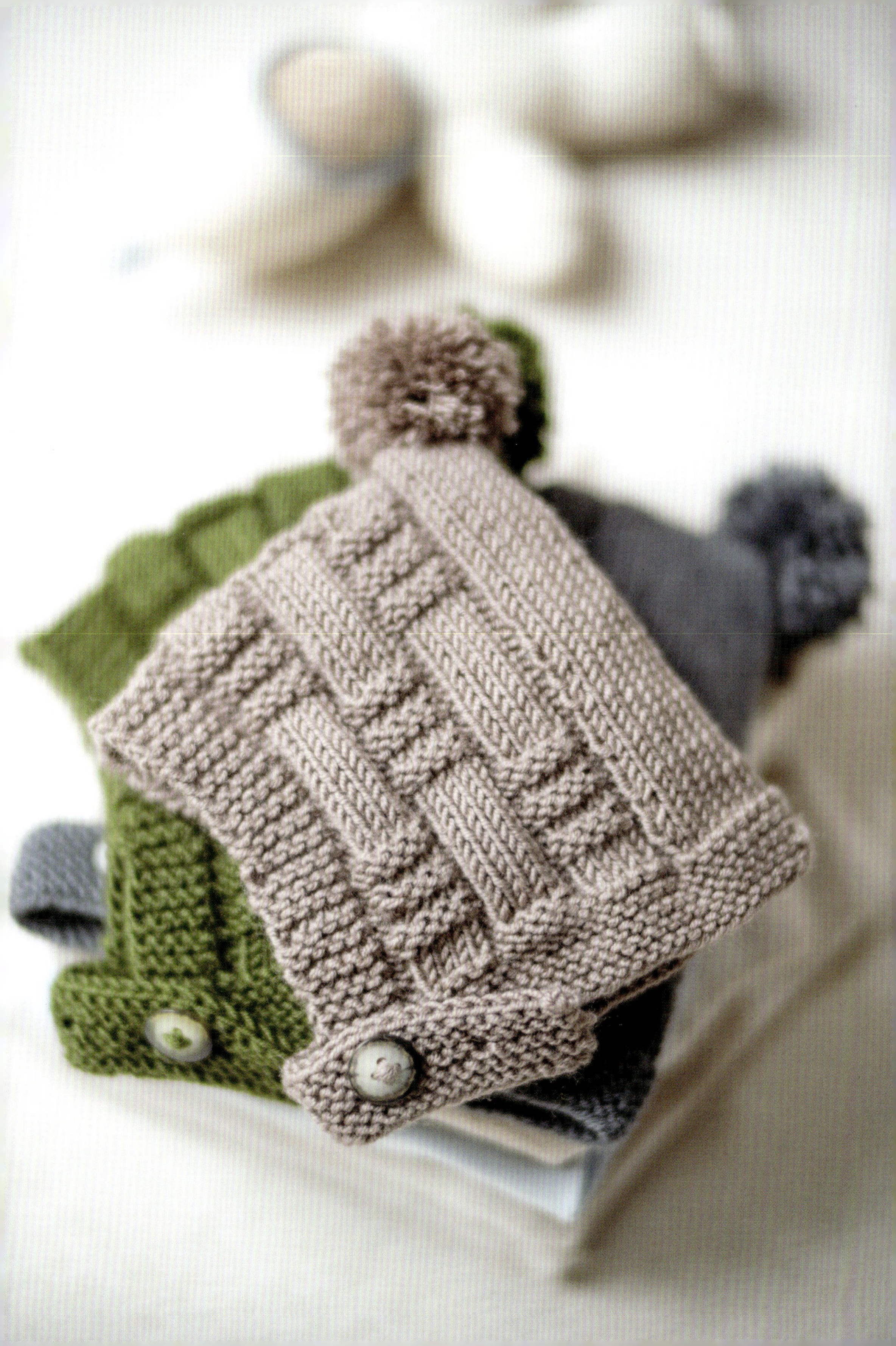

Alva

Schwierigkeitsgrad: mittel

Größe: Neugeborene, 50/56 und 62/68
Die Angaben für die kleinste Größe stehen vor der Klammer, die für die größeren Größen hintereinander in den Klammern. Steht nur eine Angabe, so gilt diese für alle Größen.

Material:

- Merino 160 Color (100 % Schurwolle, LL = 160 m/50 g) von Austermann: pro Mütze je 50 g Denim (Fb 1214), Flieder (Fb 1219) oder Honig (Fb 1216); Stricknadeln und Rundstricknadel in 3 mm, Pompon-Set.

Glatt rechts:
In Hinreihen rechte Maschen und in Rückreihen linke Maschen stricken.

Zopfmuster:
Maschenzahl teilbar durch 5 + 1 + 2 Randmasche. Die Maschenzahl des Rapportes ändert sich im Musterverlauf. Nach Strickschrift arbeiten. Es sind nur die Hinreihen gezeichnet. In den Rückreihen alle Maschen stricken, wie sie erscheinen, die Umschläge links stricken. Mit der Masche vor dem rechten Pfeil beginnen, den Rapport zwischen den Pfeilen stets wiederholen und mit den Maschen nach dem linken Pfeil enden. 1x die 1. – 6. Reihe arbeiten, dann die 3. – 6. Reihe stets wiederholen.

Doppel-Maschen:
Nach dem Wenden am Reihenanfang den Faden vor die Arbeit legen, von rechts in die 1. Masche einstechen, die Masche und den Faden zusammen abheben. Danach den Faden fest über die Nadel nach hinten ziehen. Dadurch wird die Masche über die Nadel gezogen und liegt doppelt. In der folgenden Reihe beide Maschenteile zusammen erfassen und mustergemäß rechts oder links abstricken.

Maschenprobe:

Glatt rechts:
26,5 Maschen und 36 Reihen = 10 cm x 10 cm.
Strukturmuster:
17 Maschen und 34 Reihen = 4 cm x 10 cm.

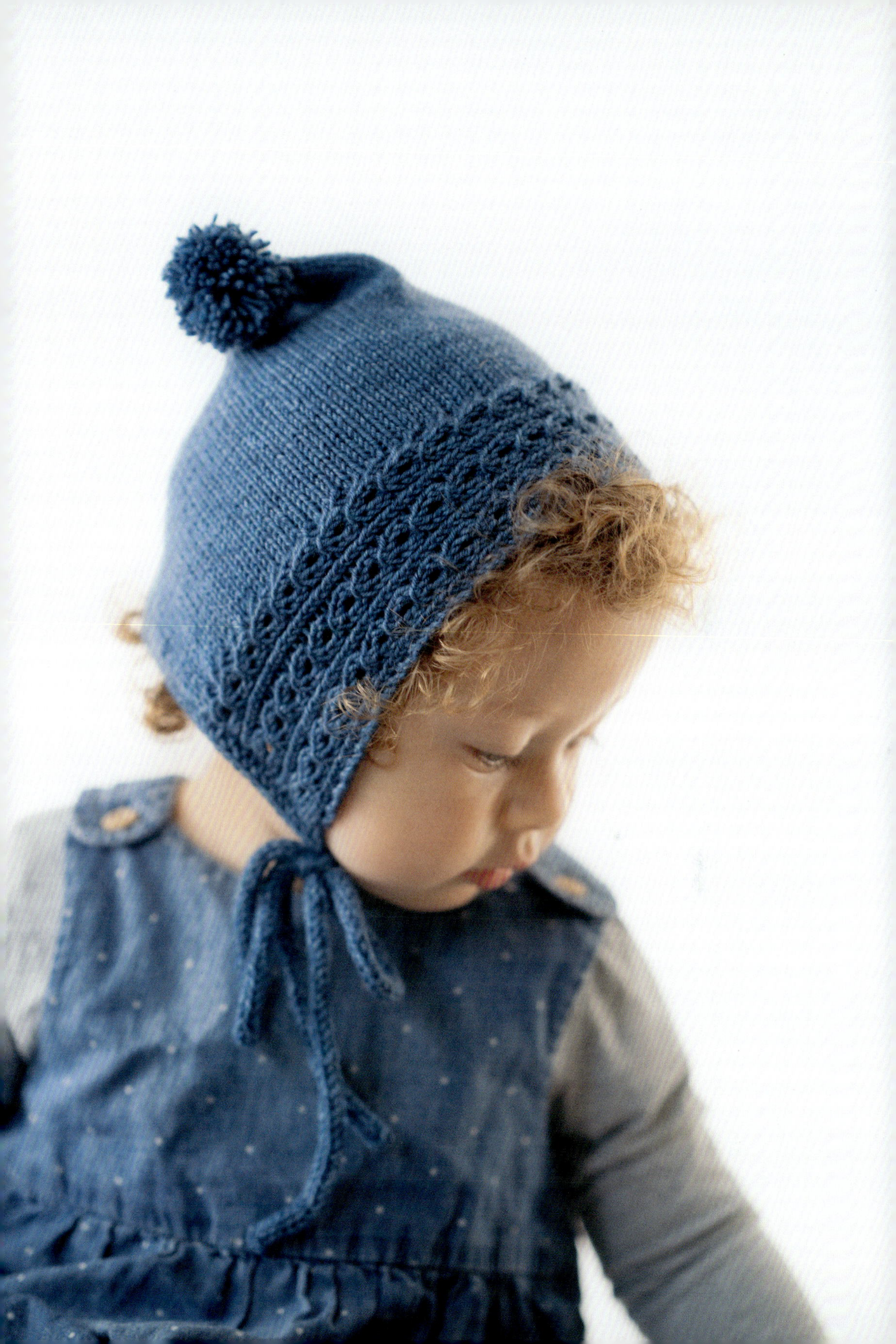

Alva

So wird's gemacht:

Für die Blende 18 Maschen in der gewünschten Farbe anschlagen und 25 (27/29) cm = 90 (98/104) Reihen im Zopfmuster stricken. Dann die Maschen abketten. Nun für die Mütze mit der Rundstricknadel in der jeweiligen Farbe aus einem seitlichen Rand der Blende 66 (72/78) Maschen auffassen und glatt rechts stricken. Nach 8,5 (9,5/10,5) cm ab Auffassen beidseitig 1x 8 (9/11) Maschen und in jeder 2. Reihe 1 x 7 (9/10) Maschen, 2x je 6 Maschen und 2x je 3 Maschen stilllegen, dabei beim Wenden je 1 Doppel-Masche arbeiten. Dann die Maschen gleichmäßig auf 2 Nadeln verteilen und stilllegen.

Fertigstellung: Die Mütze links auf links legen und die stillgelegten Maschen zusammen abketten, dafür je 1 Masche der einen Nadel mit 1 Masche der anderen Nadel rechts zusammenstricken und abketten. Einen Pompon mit ca. 3 cm Durchmesser in der jeweiligen Farbe anfertigen und an der Mützenspitze anbringen. Aus dem unteren Mützenrand 66 (72/78) Maschen mit der Rundstricknadel in der jeweiligen Farbe auffassen und die Maschen stilllegen. Nun für das erste Band 4 Maschen in der jeweiligen Farbe anschlagen, * 4 Maschen rechts, die Arbeit nicht wenden, sondern die Maschen wieder auf die linke Nadel legen; ab * stets wiederholen. Nach 27 (30/33) cm mit den Maschen des Bands und den stillgelegten aufgefassten Maschen wie folgt weiterarbeiten: * 3 Maschen rechts, 2 Maschen rechts zusammenstricken, Arbeit nicht wenden, sondern die Maschen wieder auf die linke Nadel legen; ab * stets wiederholen, bis die 66 (72/78) Maschen abgekettet sind. Dann das zweite Band wie das erste Band stricken: * 4 Maschen rechts, die Arbeit nicht wenden, sondern die Maschen wieder auf die linke Nadel legen; ab * stets wiederholen. Nach 27 (30/33) cm die restlichen 4 Maschen abketten.

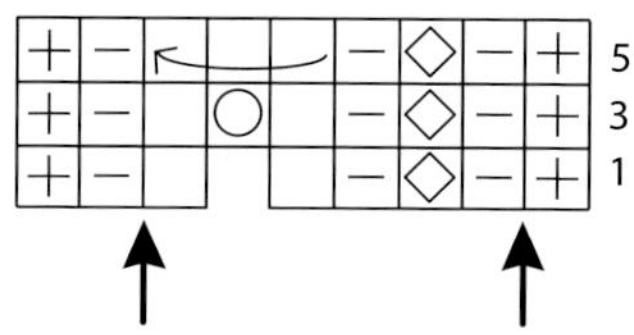

Zeichenerklärung:

 =Randmasche

 =1 Masche rechts

 =1 Masche rechts verschränkt (in der Rückreihe links verschränkt stricken)

 =1 Masche links

 =1 Umschlag

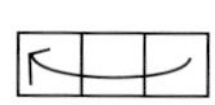 =3 Maschen rechts stricken, dann die 1. Masche über die 2. und 3. Masche ziehen

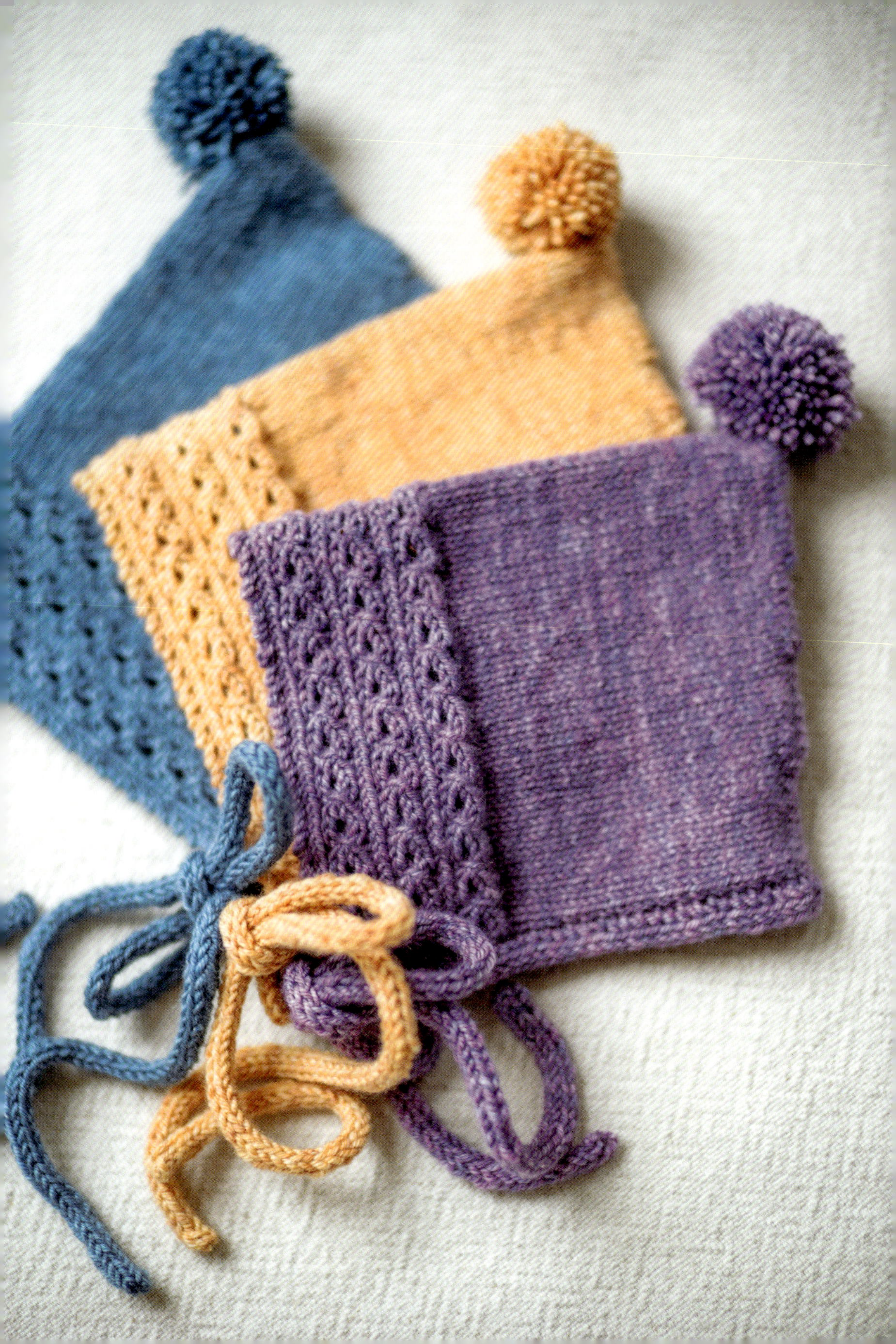

Smilla

Schwierigkeitsgrad: mittel

Größe: Neugeborene, 50/56 und 62
Die Angaben für die kleinste Größe stehen vor der ersten Klammer, die für die größeren Größen hintereinander in den Klammern. Steht nur eine Angabe, so gilt diese für alle Größen.

Material:

- Cool Wool Baby (100 % Schurwolle, LL = 220 m/50 g) von Lana Grossa: je 50 g Erika (Fb 242) und Graubraun (Fb 211) oder Himbeer (Fb 269) und Rohweiß (Fb 213) oder Graubraun (Fb 211) und Himbeer (Fb 269); Stricknadeln und Rundstricknadel in 2,5 mm.

Rippenmuster:
Maschenzahl teilbar durch 2 + 1. 1 Masche rechts, 1 Masche links im Wechsel stricken.

Kraus rechts:
In Hin- und Rückreihen rechte Maschen stricken.

Großes Perlmuster:
Maschenzahl teilbar durch 2 + 1 + 2 Randmaschen.

1. Reihe (Hinreihe) und alle Rückreihen:
Randmasche, * 1 Masche links, 1 Masche rechts; ab * stets wiederholen, 1 Masche links, Randmasche.

2. Reihe (Rückreihe) und alle Rückreihen:
Die Maschen stricken, wie sie erscheinen.

3. Reihe:
Randmasche, * 1 Masche rechts, 1 Masche links; ab * stets wiederholen, 1 Masche rechts, Randmasche. Die 1. – 4. Reihe stets wiederholen.

Doppel-Maschen:
Nach dem Wenden am Reihenanfang den Faden vor die Arbeit legen, von rechts in die 1. Masche einstechen, die Maschen und den Faden zusammen abheben. Danach den Faden fest über die Nadel nach hinten ziehen. Dadurch wird die Masche über die Nadel gezogen und liegt doppelt. In der folgenden Reihe beide Maschenteile zusammen erfassen und mustergemäß rechts oder links abstricken.

Maschenprobe:

31 Maschen und 44 Reihen = 10 cm x 10 cm.

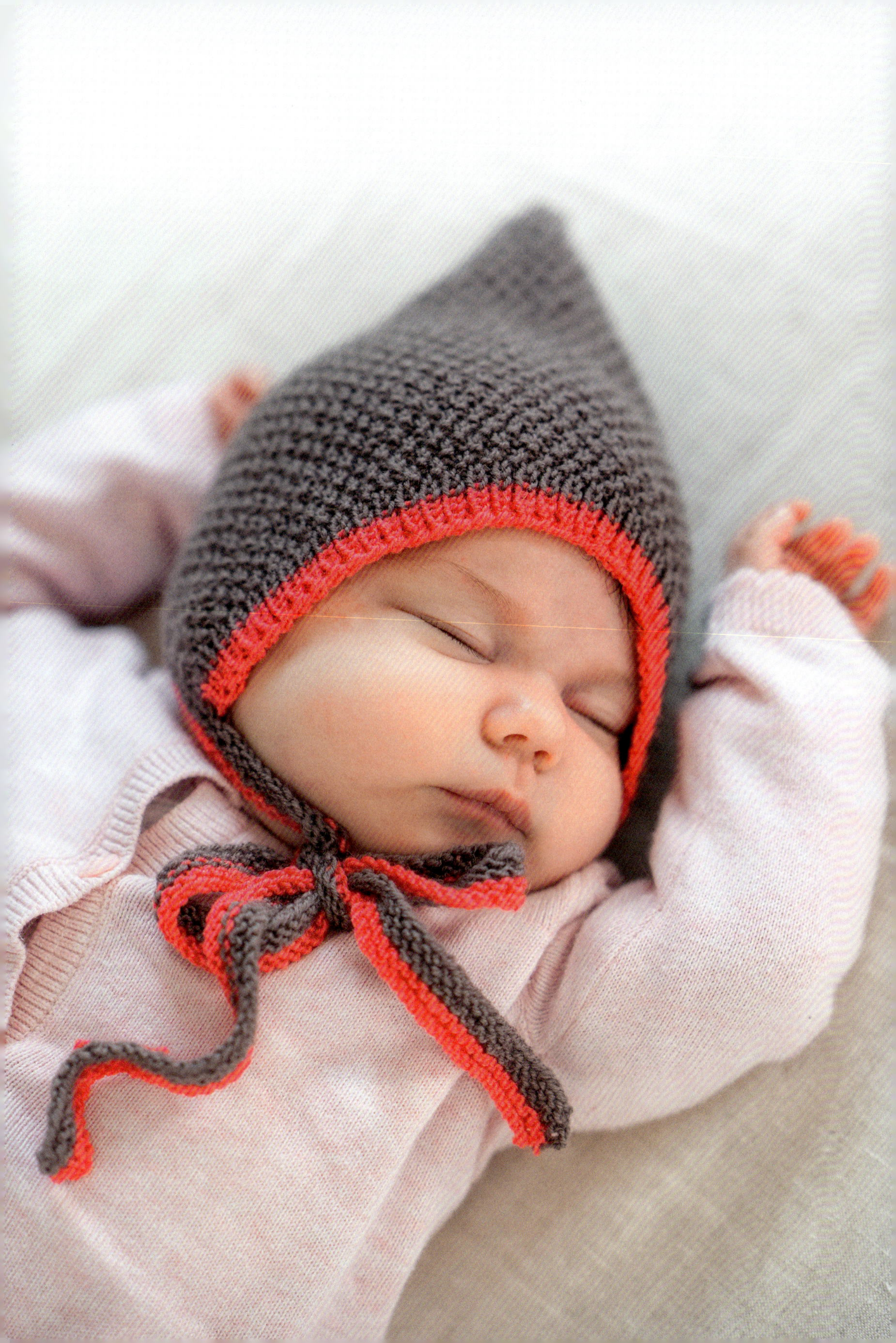

Smilla

Farbaufteilung:
Rosa Mütze: Hauptfarbe Erika und Akzentfarbe Graubraun.
Himbeerfarbene Mütze: Hauptfarbe Himbeer und Akzentfarbe Rohweiß.
Graubraune Mütze: Hauptfarbe Graubraun und Akzentfarbe Himbeer.

So wird's gemacht:

67 (73/79) Maschen mit den Stricknadeln in der Akzentfarbe anschlagen und für den Bund insgesamt 1,5 cm = 5 Reihen im Rippenmuster stricken: zunächst 3 Reihen in der Akzentfarbe, dann noch 2 Reihen in der Hauptfarbe, dabei in der 1. Reihe = Rückreihe nach der Randmasche mit 1 Masche links, 1 Masche rechts beginnen und gegengleich enden.
Nach 1 cm = 3 Reihen ab Anschlag in der Hauptfarbe im großen Perlmuster weiterarbeiten. Nach 10,5 (11,5/12,5) cm = 46 (50/56) Reihen ab Bund beidseitig 1x 10 (16/22) Maschen und in jeder 2. Reihe 1x 6 Maschen, 1x 5 Maschen, 1x 4 Maschen und 2x je 3 Maschen stilllegen, dabei beim Wenden je 1 Doppel-Masche arbeiten. Danach die restlichen 5 Maschen stilllegen. 1 Hinreihe über alle Maschen in der Akzentfarbe stricken. Die stillgelegten Maschen auf 2 Nadeln verteilen und die Arbeit rechts auf rechts legen. Nun je 1 Masche der einen Nadel mit 1 Masche der anderen Nadel rechts zusammenstricken und abketten.

Fertigstellung: Mit der Rundstricknadel in der Hauptfarbe 76 (82/88) Maschen anschlagen, dann aus dem unteren Mützenrand 58 (64/70) Maschen auffassen und noch einmal 76 (82/88) Maschen dazu anschlagen = 210 (228/246) Maschen. 2 cm = 6 Reihen kraus rechts stricken, dabei nach 1 cm = 3 Reihen in der Akzentfarbe weiterarbeiten. Dann alle Maschen abketten.

Hinweis: 1 Knäuel pro Farbe reicht für 2 Mützen.

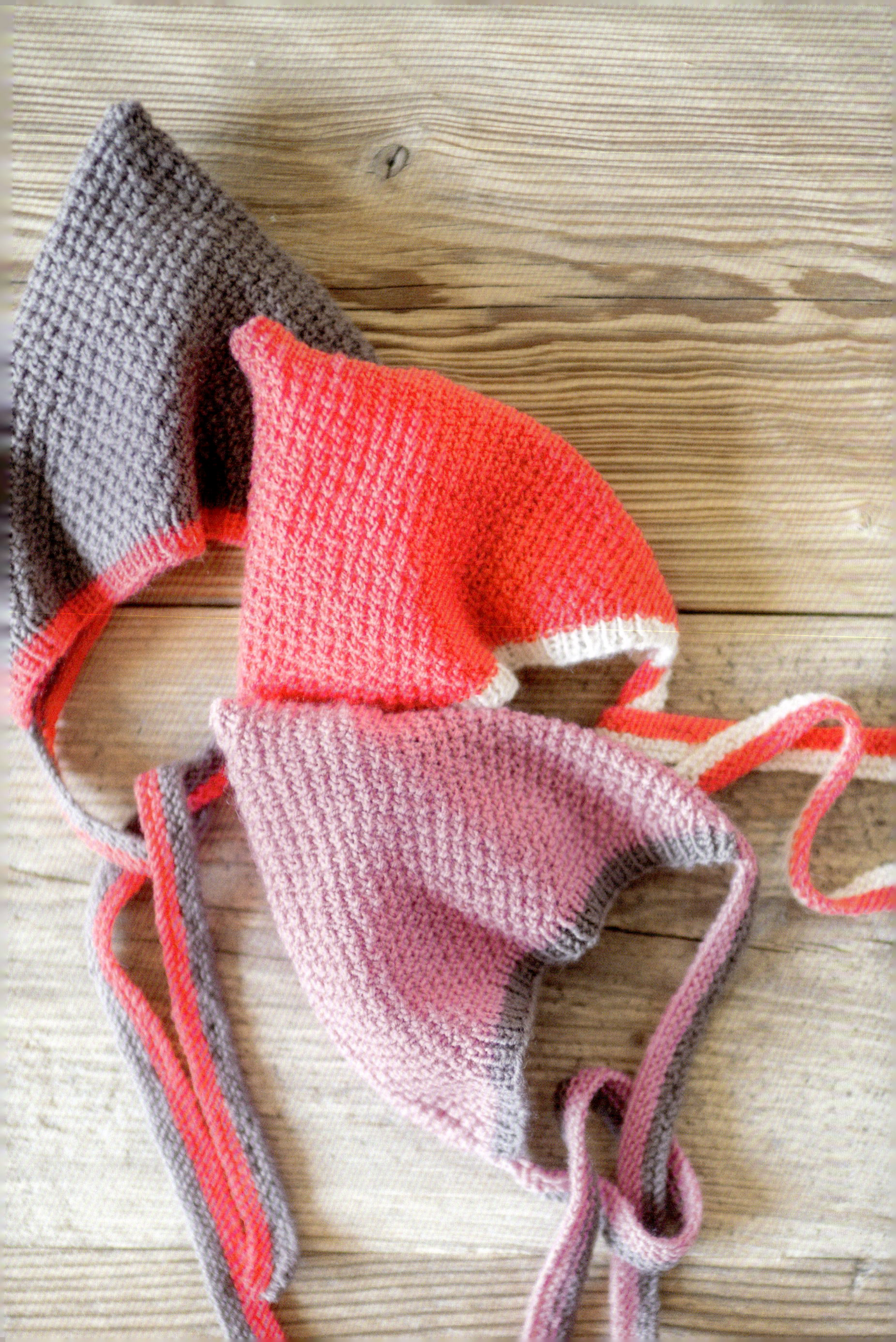

Stina

Schwierigkeitsgrad: mittel

Größe: 50/56, 62 und 68/74

Die Angaben für die kleinste Größe stehen vor der ersten Klammer, die für die größeren Größen hintereinander in den Klammern. Steht nur eine Angabe, so gilt diese für alle Größen.

Material:

- Merino 200 Bébé (100 % Schurwolle, LL = 203 m/50 g) von Lang Yarns: pro Mütze je 50 g Hellgrau (Fb 0303), Flieder (Fb 0509) oder Mintgrün (Fb 0392); Stricknadeln und Rundstricknadel in 3 mm.

Glatt rechts:

In Hinreihen rechte Maschen und in Rückreihen linke Maschen stricken.

Blattmuster über 6 bis 17 Maschen:

Nach Strickschrift A arbeiten. Es sind Hin- und Rückreihen gezeichnet. Die Maschen sind so gezeichnet, wie sie gestrickt werden. Die 1. – 18. Reihe stets wiederholen.

Blatt über 5 bis 15 Maschen:

Nach Strickschrift B arbeiten. Es sind nur die Hinreihen gezeichnet. In den Rückreihen alle Maschen und Umschläge links stricken. 1x die 1. – 18. Reihe arbeiten.

Betonte Zunahmen:

In Hinreihen (am Reihenanfang): Randmasche, 1 Masche rechts, 1 Masche aus dem Querfaden rechts verschränkt herausstricken; **in Rückreihen** (am Reihenende): 1 Masche aus dem Querfaden links verschränkt herausstricken, 1 Masche links, Randmasche.

Betonte Abnahmen:

In Hinreihen (am Reihenanfang): Randmasche, 2 Maschen rechts überzogen zusammenstricken (= 1 Masche wie zum Rechtstricken abheben, 1 Masche rechts stricken, dann die abgehobene Masche überziehen); **in Rückreihen** (am Reihenende): 2 Maschen links verschränkt zusammenstricken, Randmasche.

Maschenprobe:

Glatt rechts: 28 Maschen und 38 Reihen = 10 cm x 10 cm.

Blattmuster: 6 (bzw. 17 Maschen) und 38 Reihen = 4,5 cm x 10 cm.

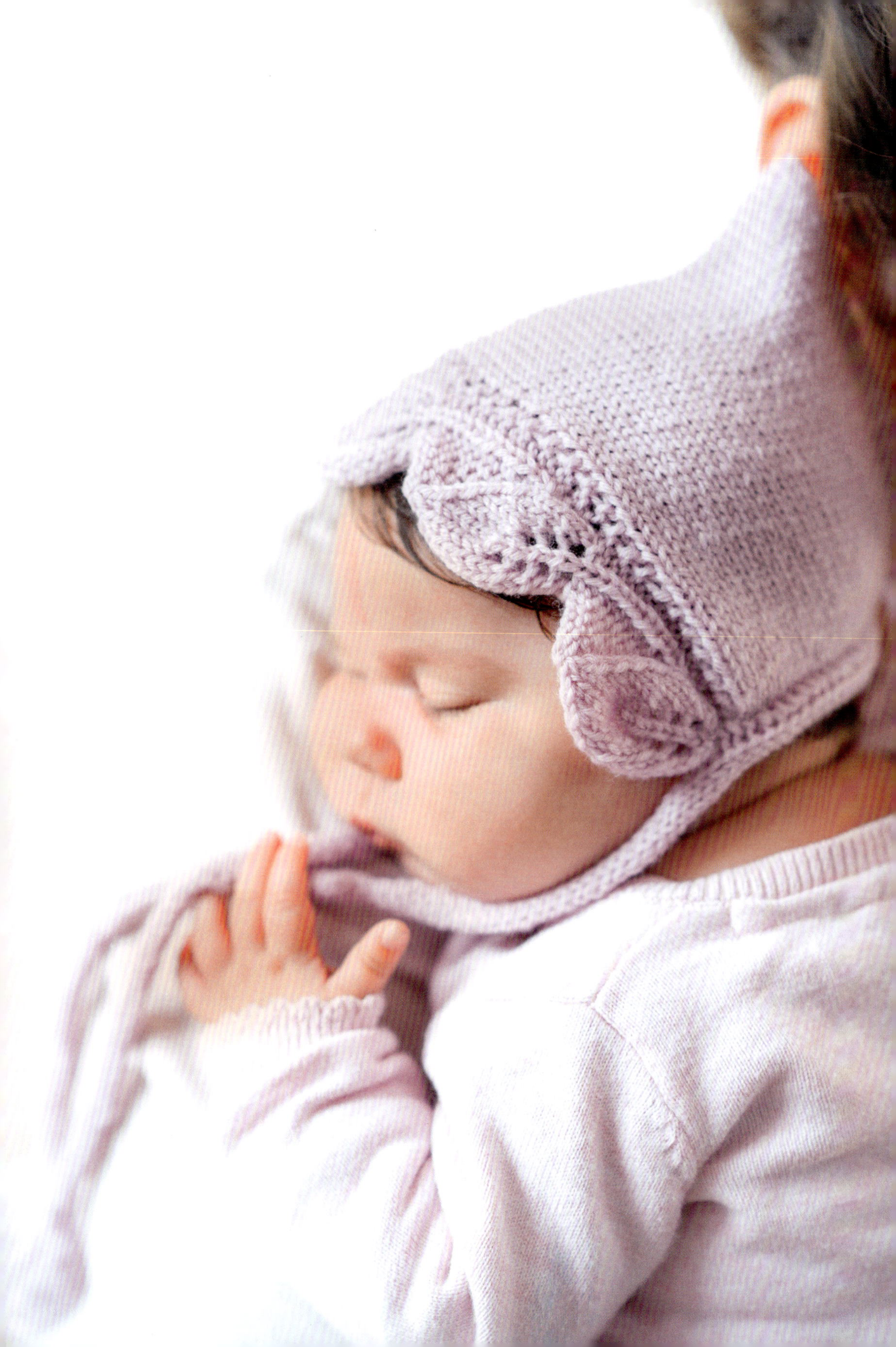

Stina

So wird's gemacht:

25 (29/33) Maschen in der gewünschten Farbe anschlagen und 1 Rückreihe linke Maschen stricken. Dann die Maschen wie folgt einteilen: Randmasche, 18 (22/26) Maschen glatt rechts, 6 Maschen Blattmuster. Zur Formgebung in jeder Reihe am rechten Rand 11x je 1 Masche betont zunehmen. Nach 18 (22/22) cm = 68 (84/84) Reihen ab Anschlag am rechten Rand in jeder Reihe 11x je 1 Masche betont abnehmen. Nach 23,5 (28,5/28,5) cm = 90 (108/126) Reihen ab Anschlag die restlichen 25 (29/33) Maschen abketten.

Fertigstellung: Die rückwärtige Naht schließen. Aus dem unteren Mützenrand 50 (58/66) Maschen mit der Rundstricknadel in der jeweiligen Farbe auffassen und die Maschen stilllegen. Nun für das erste Bindeband 4 Maschen in der jeweiligen Farbe anschlagen, * 4 Maschen rechts, die Arbeit nicht wenden, sondern die Maschen wieder auf die linke Nadel legen; ab * stets wiederholen. Nach 27 (30/33) cm mit den Maschen des Bands und den stillgelegten aufgefassten Maschen wie folgt weiterarbeiten: * 3 Maschen rechts, 2 Maschen rechts zusammenstricken, Arbeit nicht wenden, sondern die Maschen wieder auf die linke Nadel legen; ab * stets wiederholen, bis die 66 (72/78) Maschen abgekettet sind. Dann das zweite Band wie das erste Band stricken: * 4 Maschen rechts, die Arbeit nicht wenden, sondern die Maschen wieder auf die linke Nadel legen; ab * stets wiederholen. Nach 27 (30/33) cm das Blatt stricken. Die restlichen 3 Maschen rechts zusammenstricken und abketten. Ein zweites Blatt stricken und hinten auf das angestrickte Blatt nähen. Für die andere Bandseite 2 Blätter stricken und diese aufeinander genäht an das Bandende nähen.

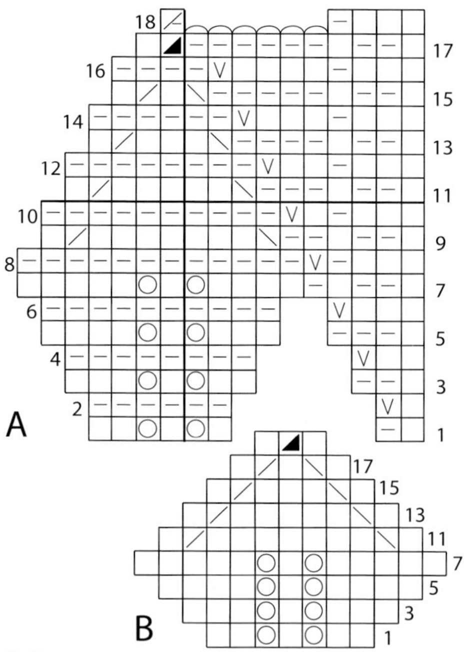

Zeichenerklärung:

□ = 1 Masche rechts

⊟ = 1 Masche links

⊙ = 1 Umschlag

⌒ = 1 Masche abketten

V = 2 Maschen aus 1 Masche herausstricken (= 1 Masche rechts, 1 Masche verschränkt)

/ = 2 Maschen rechts zusammenstricken

/- = 2 Maschen links zusammenstricken

\ = 2 Maschen rechts überzogen zusammenstricken (= 1 Masche wie zum Rechtsstricken abheben, 1 Masche rechts stricken, dann die abgehobene Masche überziehen)

◢ = 3 Maschen rechts zusammenstricken

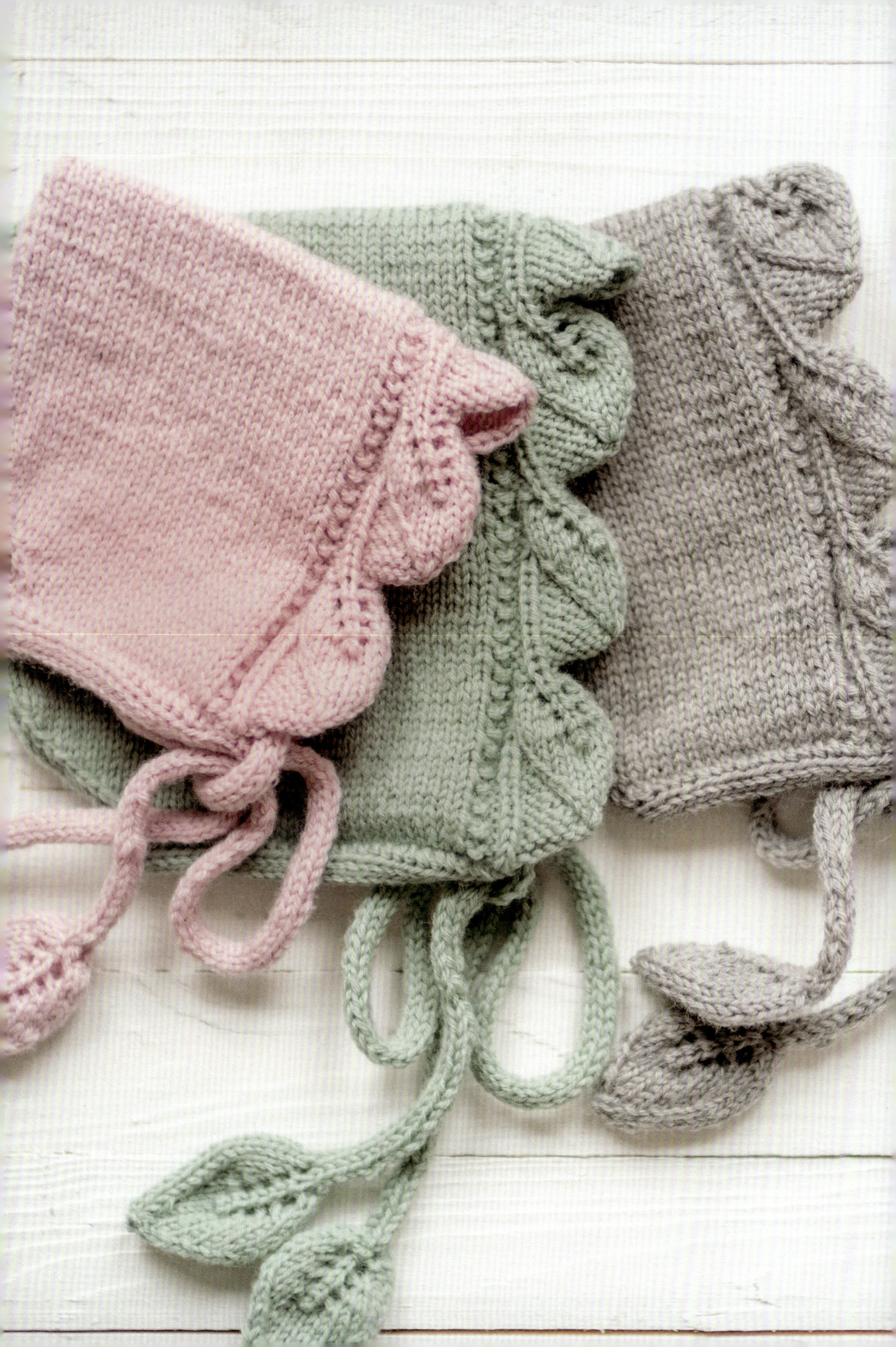

Lillemor

Schwierigkeitsgrad: einfach-mittel

Größe: 50/56, 68/74 und 86/98

Die Angaben für die kleinste Größe stehen vor der ersten Klammer, die für die größeren Größen hintereinander in den Klammern. Steht nur eine Angabe, so gilt diese für alle Größen.

Material:

- Sensitiva (100 % Schurwolle, LL = 185 m/50 g) von Schulana: pro Mütze je 50 g Kastanie (Fb 12), Altrosa (Fb 9) oder Berry (Fb 36); Stricknadeln und Rundstricknadel in 3,5 mm.

Kraus rechts:

In Hin- und Rückreihen rechte Maschen stricken.

Glatt rechts:

In Hinreihen rechte Maschen und in Rückreihen linke Maschen stricken.

Ajourmuster:

Maschenzahl teilbar durch 11 + 2 Randmaschen.

1. Reihe (Hinreihe): Randmasche, * 2 Maschen rechts überzogen zusammenstricken (= 1 Masche wie zum Rechtsstricken abheben, 1 Masche rechts stricken, dann die abgehobene Masche überziehen), 3 Maschen rechts, 1 Umschlag, 1 Masche rechts, 1 Umschlag, 3 Maschen rechts, 2 Maschen rechts zusammenstricken; ab * stets wiederholen, Randmasche.

2. Reihe (Rückreihe): Alle Maschen und Umschläge links stricken.

Die 1. und 2. Reihe 6x arbeiten = 12 Reihen.

Maschenprobe:

Glatt rechts:

25 Maschen und 35 Reihen = 10 cm x 10 cm.

Ajourmuster:

27,5 Maschen und 12 Reihen = 10 cm x 4 cm.

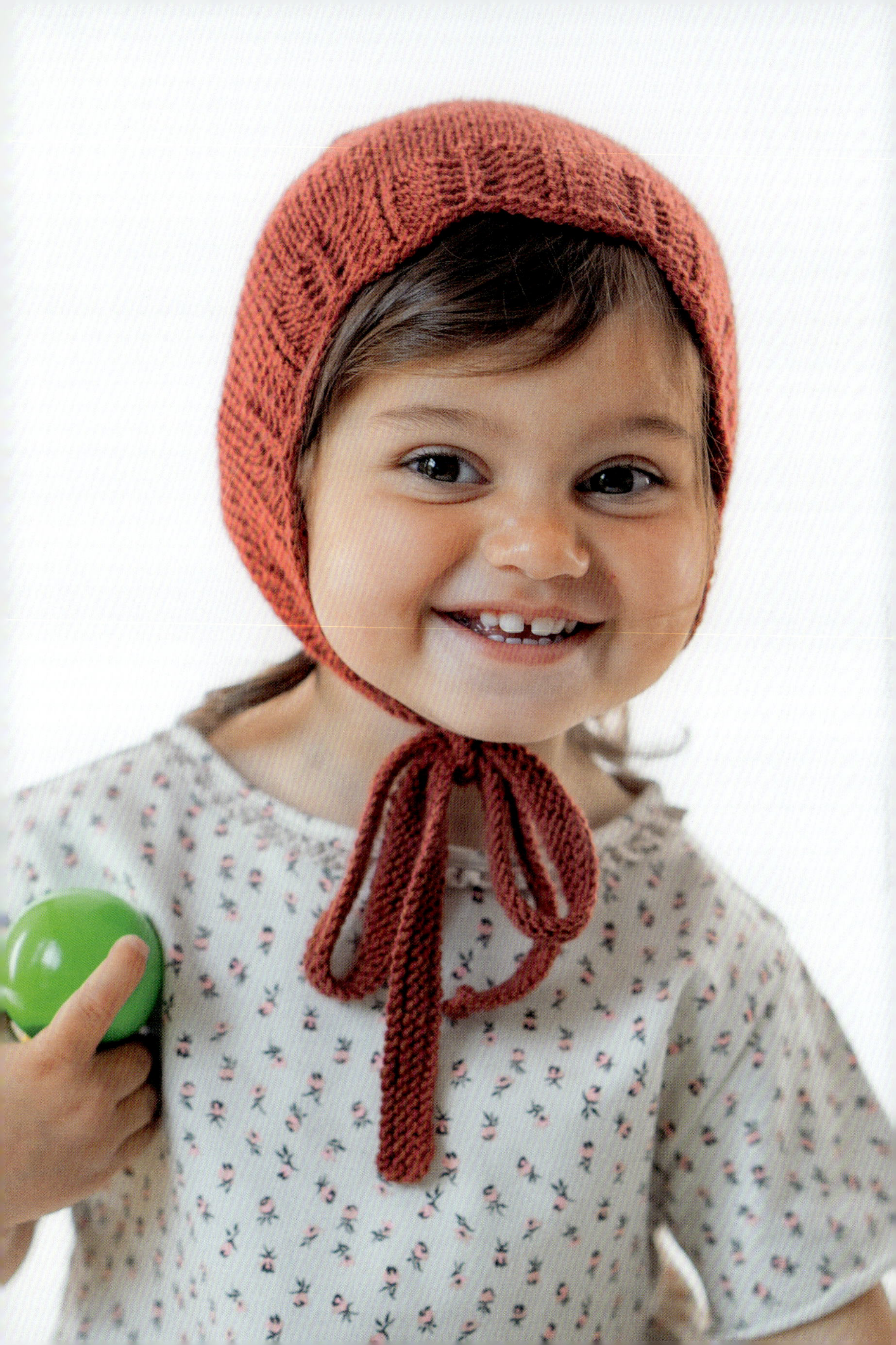

Lillemor

So wird's gemacht:

68 (79/90) Maschen in der gewünschten Farbe anschlagen und 1 Rückreihe rechts stricken. Dann 12 Reihen im Ajourmuster stricken. Danach glatt rechts weiterarbeiten. Nach 5 (7/8) cm = 18 (24/28) Reihen ab Ajourmusterende nur noch über die mittleren 22 (27/30) Maschen weiterarbeiten, dabei 23 (26/30)x in jeder Hinreihe die erste der mittleren Maschen mit der vorhergehenden stillgelegten Masche rechts zusammenstricken und die letzte der mittleren Maschen mit der folgenden stillgelegten Masche rechts überzogen zusammenstricken. In der folgenden Reihe die restlichen 22 (27/30) Maschen abketten.

Fertigstellung: Mit der Rundstricknadel in der jeweiligen Farbe 68 (72/76) Maschen anschlagen, aus dem unteren Mützenrand 68 (72/76) Maschen auffassen und noch einmal 68 (72/76) Maschen dazu anschlagen = 204 (216/228) Maschen. 1,5 cm = 5 Reihen kraus rechts stricken. Dann alle Maschen abketten.

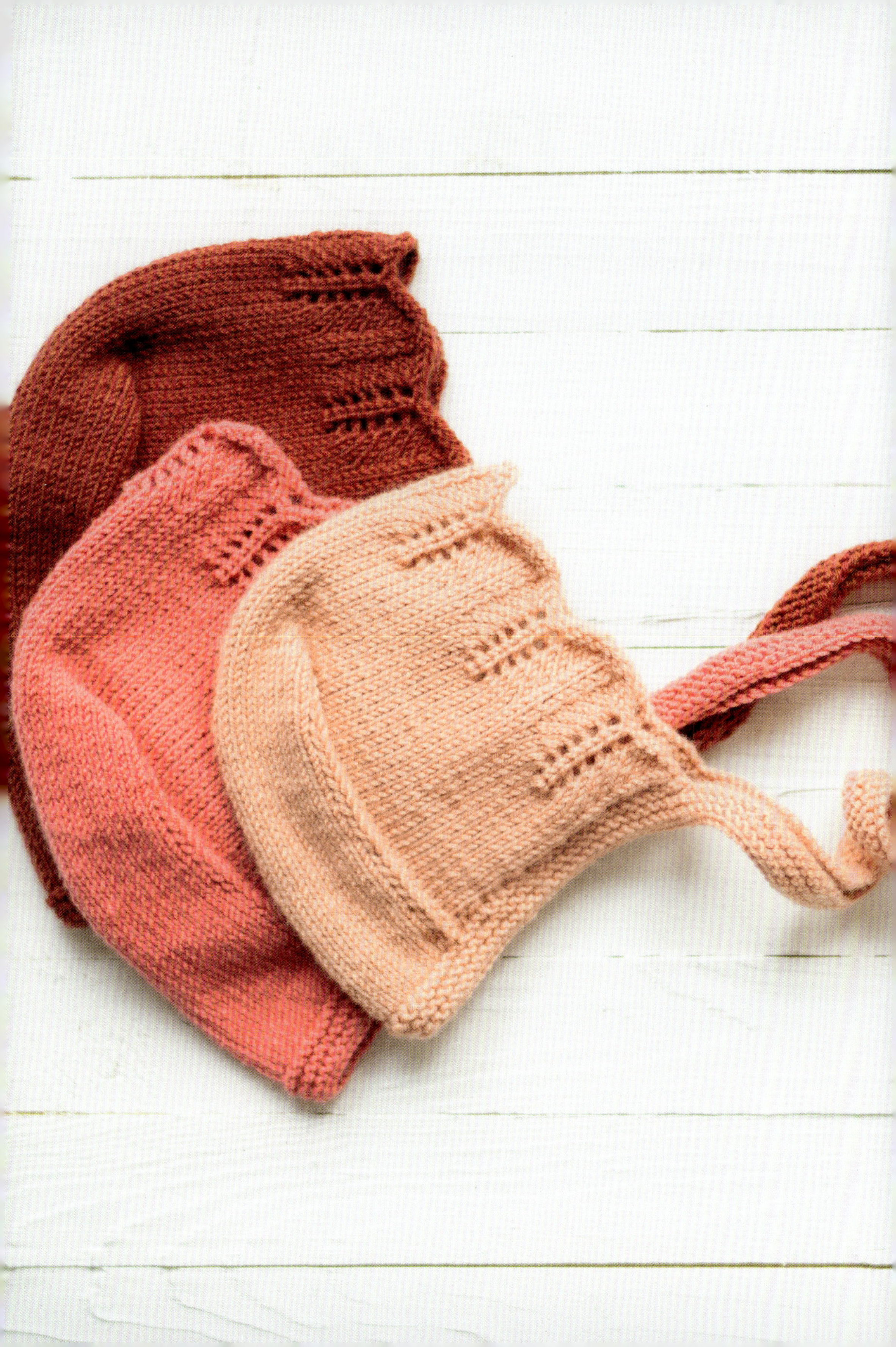

Linnea

Schwierigkeitsgrad: einfach-mittel

Größe: 50/56, 62 und 68/74
Die Angaben für die kleinste Größe stehen vor der ersten Klammer, die für die größeren Größen hintereinander in den Klammern. Steht nur eine Angabe, so gilt diese für alle Größen.

Material:

- Cool Wool Big (100 % Schurwolle, LL = 120 m/ 50 g) von Lana Grossa: pro Mütze je 50 g Hellgrau meliert (Fb 616) und Safrangelb (Fb 986) oder helles Seegrün (Fb 984) und Weiß (Fb 615) oder Weiß (Fb 615) und Hellgrau meliert (Fb 616); Stricknadeln und Rundstricknadel in 3,5 mm.

Rippenmuster:
Maschenzahl teilbar durch 2 + 1. 1 Masche rechts, 1 Masche links im Wechsel stricken.

Kraus rechts:
In Hin- und Rückreihen rechte Maschen stricken.

Farbaufteilung:
Hellgraue Mütze: Hauptfarbe Hellgrau meliert und Akzentfarbe Safrangelb.
Grüne Mütze: Hauptfarbe helles Seegrün und Akzentfarbe Weiß.
Weiße Mütze: Hauptfarbe Weiß und Akzentfarbe Hellgrau meliert.

Maschenprobe:

22 Maschen und 48 Reihen = 10 cm x 10 cm.

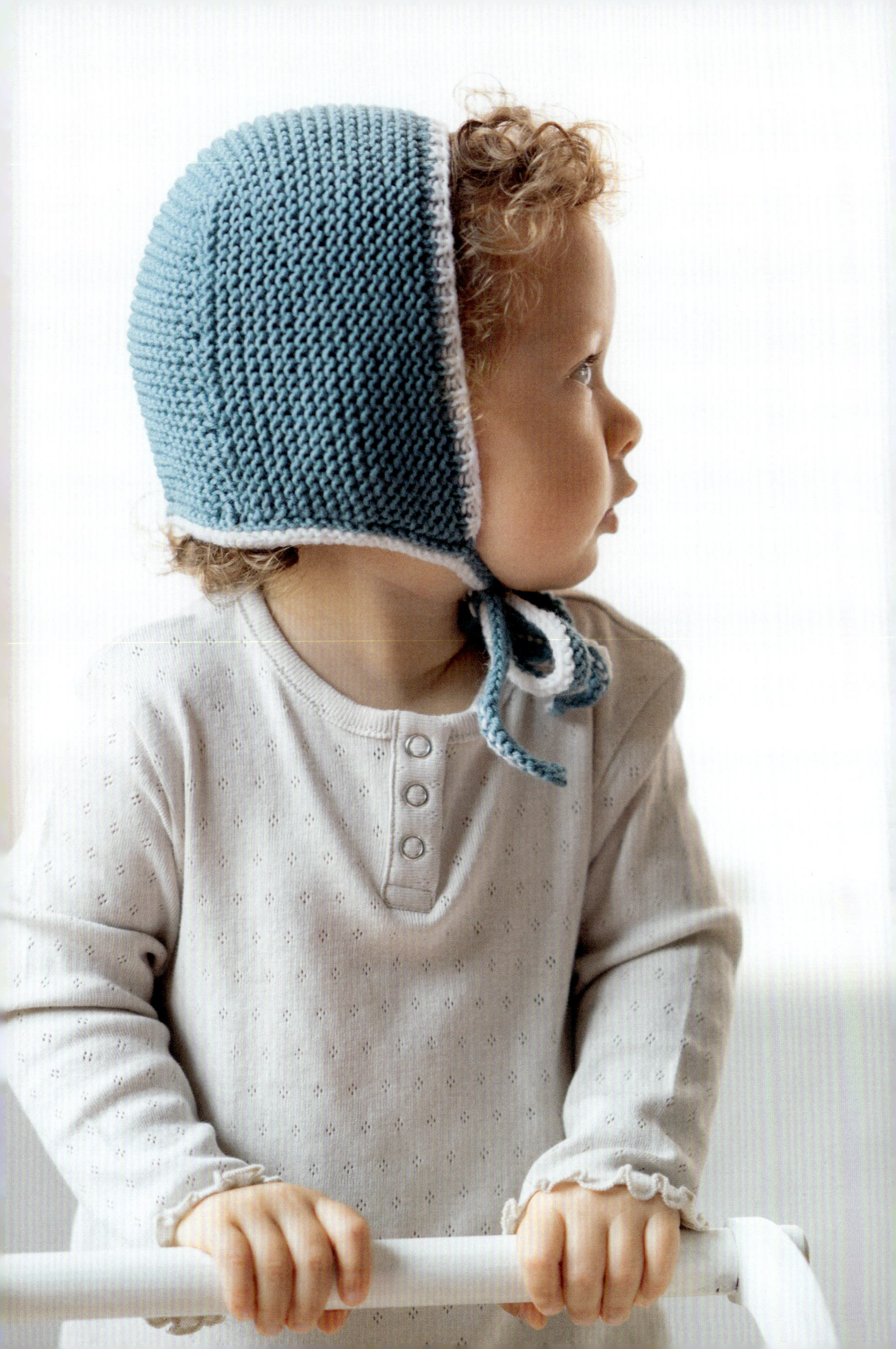

Linnea

So wird's gemacht:

65 (71/77) Maschen in der Akzentfarbe anschlagen und für den Bund 1,5 cm = 3 Reihen im Rippenmuster stricken, dabei in der 1. Reihe = Rückreihe nach der Randmasche mit 1 Masche links, 1 Masche rechts beginnen und gegengleich enden. Ab der 2. Reihe kraus rechts in der Hauptfarbe weiterarbeiten, dabei in der 1. Reihe 1 Masche zunehmen = 66 (72/78) Maschen. Nach 7 (7,5/8) cm = 34 (36/38) Reihen ab Bund die mittleren 22 (24/26) Maschen markieren und nur noch über diese Maschen wie folgt stricken: In jeder Hinreihe die erste der markierten Maschen abheben (Faden hinter der Arbeit) und die letzte der markierten Maschen mit der folgenden Masche rechts überzogen zusammenstricken (= 1 Masche wie zum Rechtsstricken abheben, 1 Masche rechts stricken, dann die abgehobene Masche überziehen) und in jeder Rückreihe die erste der markierten Maschen abheben (Faden vor der Arbeit) und die letzte der markierten Maschen mit der folgenden Masche rechts überzogen zusammenstricken = 65 (71/77) Maschen. Diese Abnahmen noch 21 (23/25)x ebenso wiederholen. In der folgenden Reihe die restlichen 22 (24/26) Maschen abketten.

Fertigstellung: Mit der Rundstricknadel in der Hauptfarbe 60 (64/68) Maschen anschlagen, aus dem unteren Mützenrand 60 (64/68) Maschen auffassen und noch einmal 60 (64/68) Maschen dazu anschlagen = 180 (192/204) Maschen. 3 Reihen kraus rechts stricken, dabei nach der 1. Reihe = Rückreihe in der Akzentfarbe weiterarbeiten und in der 4. Reihe alle Maschen rechts abketten.

Hinweis: Mit getauschten Haupt- und Akzentfarben kann noch jeweils 1 weitere Mütze gestrickt werden.

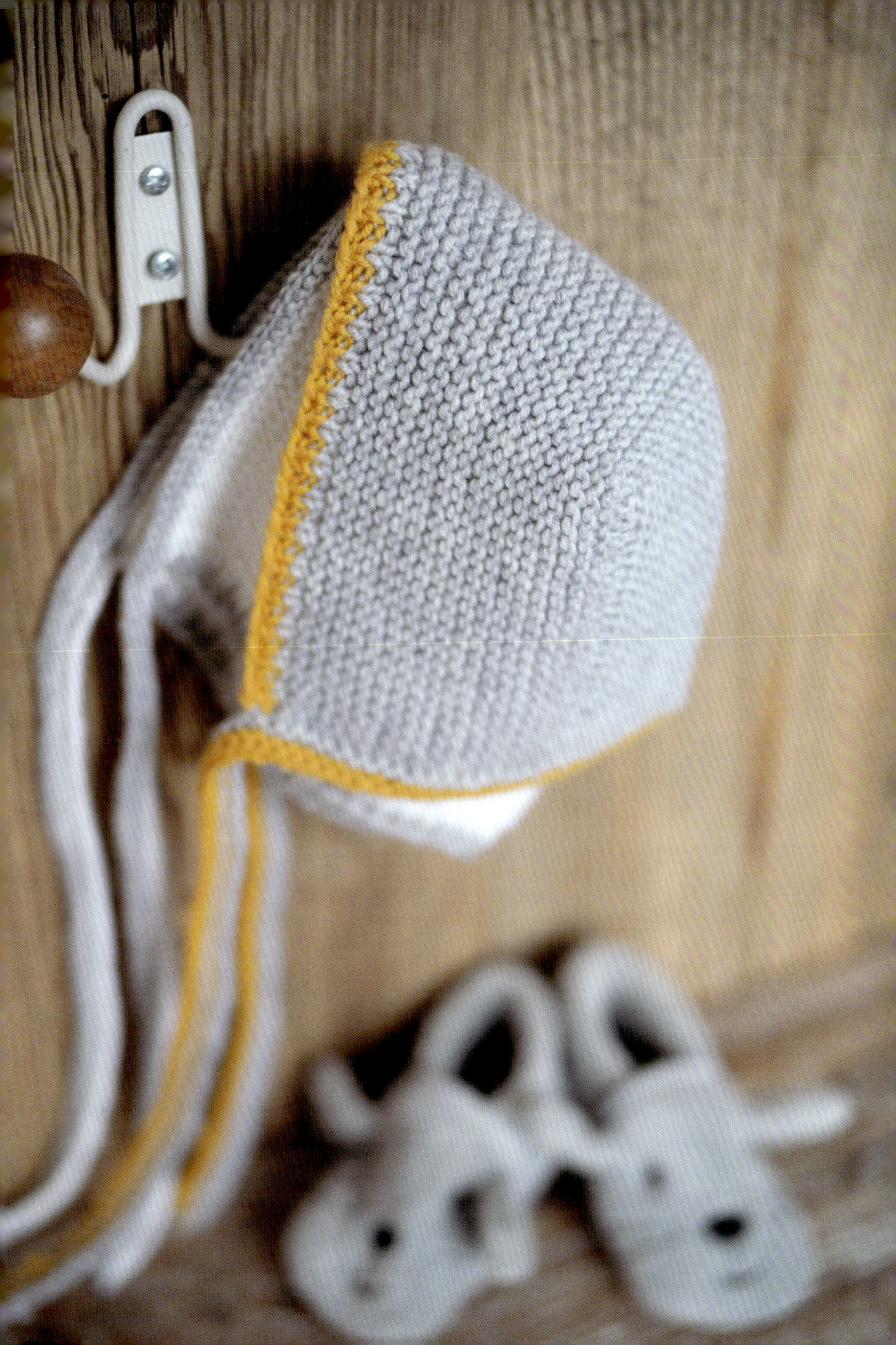

Mika

Schwierigkeitsgrad: mittel

Größe: 68/74, 80/86 und 92/98
Die Angaben für die kleinste Größe stehen vor der ersten Klammer, die für die größeren Größen hintereinander in den Klammern. Steht nur eine Angabe, so gilt diese für alle Größen.

Material:

- Woll Butt Primo Alisa (60 % Schurwolle, 40 % Polyacryl, LL = 225 m/50 g) von Buttinette: je 50 g Petrol (Fb 52.232.57), Senf (Fb 52.254.13) oder Bordeaux (Fb 52.286.98); Stricknadeln und Nadelspiel in 3 mm.

Glatt links:

In Hinreihen linke Maschen und in Rückreihen rechte Maschen stricken; in Runden immer linke Maschen stricken.

Blätter über 20 Maschen:

Nach Strickschrift A arbeiten. Es sind nur die Hinreihen gezeichnet. In den Rückreihen die Maschen stricken, wie sie erscheinen, die Umschläge links stricken. 1x die 1. – 38. R arbeiten.

Blatt über 5 bis 13 Maschen:

Nach Strickschrift B arbeiten. Es sind nur die Hinreihen gezeichnet. In den Rückreihen alle Maschen und Umschläge links stricken. 1x die 1. – 20. Reihe arbeiten.

Maschenprobe:

28 Maschen und 37 Reihen/Runden = 10 cm x 10 cm.

So wird's gemacht:

78 (84/90) Maschen in der gewünschten Farbe anschlagen und 2 cm glatt links stricken. Dann die Maschen wie folgt einteilen: Randmasche, 42 (45/48) Maschen glatt links, 20 Maschen Blätter, 14 (17/20) Maschen glatt links, Randmasche. Nach 14 cm = 40 Reihen ab Anschlag glatt links in Runden weiterarbeiten, dabei in der 1. Runde die aufeinandertreffenden Randmaschen links zusammenstricken und gleichmäßig verteilt 5 (3/1) Masche(n) abnehmen = 72 (80/88) Maschen. Die Maschen gleichmäßig auf 4 Nadeln verteilen – 18 (20/22) Maschen pro Nadel. Nun in der folgenden Runde gleichmäßig verteilt 8x je 1 Masche abnehmen = 64 (72/88) Maschen. Diese Abnahmen noch 7x in jeder Runde (2x in jeder 2. Runde und 6x in jeder Runde/5x in jeder 2. Runde und 3x in jeder Runde) immer an den gleichen Abnahmestellen wiederholen = 8 Maschen. Die restlichen 8 Maschen mit dem Faden zusammenziehen.

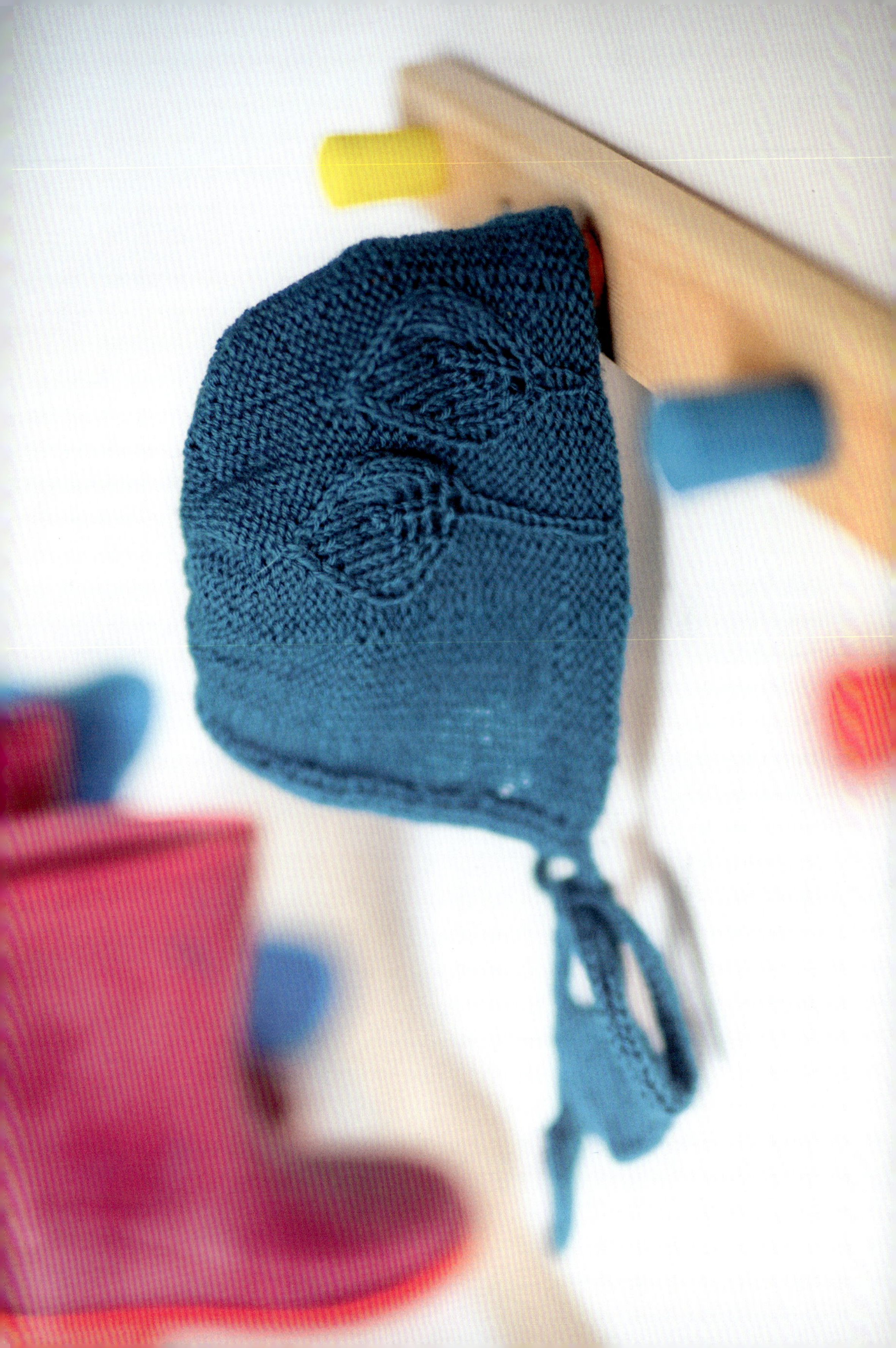

Mika

Blatt (4x): 5 Maschen in der jeweiligen Farbe anschlagen und das Blatt nach Strickschrift stricken. Die restlichen 3 Maschen rechts zusammenstricken und abketten.

Fertigstellung: Am Gesichtsrand = Anschlag-Reihe den Rand 2 cm nach innen umschlagen und annähen. Aus dem unteren Mützenrand 67 Maschen mit der Rundstricknadel in der jeweiligen Farbe auffassen. Dann die Maschen stilllegen. Nun für das erste Band 4 Maschen in der jeweiligen Farbe anschlagen, * 4 Maschen rechts, die Arbeit nicht wenden, sondern die Maschen wieder auf die linke Nadel legen; ab * stets wiederholen. Nach 27 (30/33) cm mit den Maschen des Bands und den stillgelegten aufgefassten Maschen wie folgt weiterarbeiten: * 3 Maschen rechts, 2 Maschen rechts zusammenstricken, Arbeit nicht wenden, sondern die Maschen wieder auf die linke Nadel legen; ab * stets wiederholen, bis die 67 Maschen abgekettet sind. Dann das zweite Band wie das erste Band stricken: * 4 Maschen rechts, die Arbeit nicht wenden, sondern die Maschen wieder auf die linke Nadel legen; ab * stets wiederholen. Nach 27 (30/33) cm die restlichen 4 Maschen abketten. Je 2 Blätter aufeinanderlegen und zusammennähen. Dann diese Blätter an die Enden der Bänder nähen.

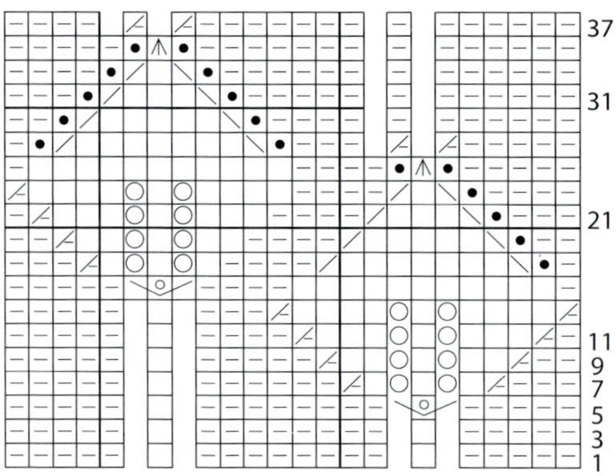

A

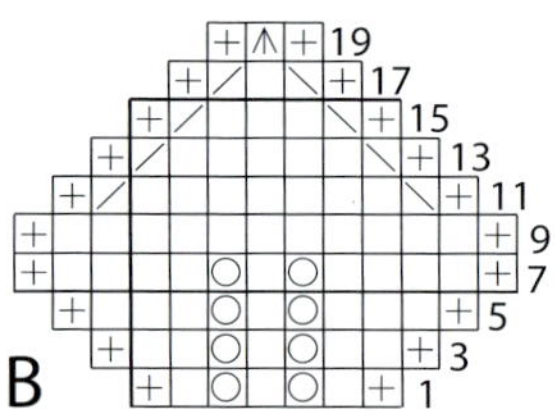

B

Zeichenerklärung:

= Randmasche

= 1 Masche rechts

= 1 Masche links

= 1 Umschlag

= 1 Masche aus dem Querfaden rechts verschränkt herausstricken

= 2 Maschen rechts zusammenstricken

= 2 Maschen rechts überzogen zusammenstricken (= 1 Masche wie zum Rechtsstricken abheben, 1 Masche rechts stricken, dann die abgehobene Masche überziehen)

= 2 Maschen links zusammenstricken

= 3 Maschen aus 1 Masche herausstricken (= 1 Masche rechts, 1 Umschlag, 1 Masche rechts)

= 3 Maschen rechts zusammenstricken

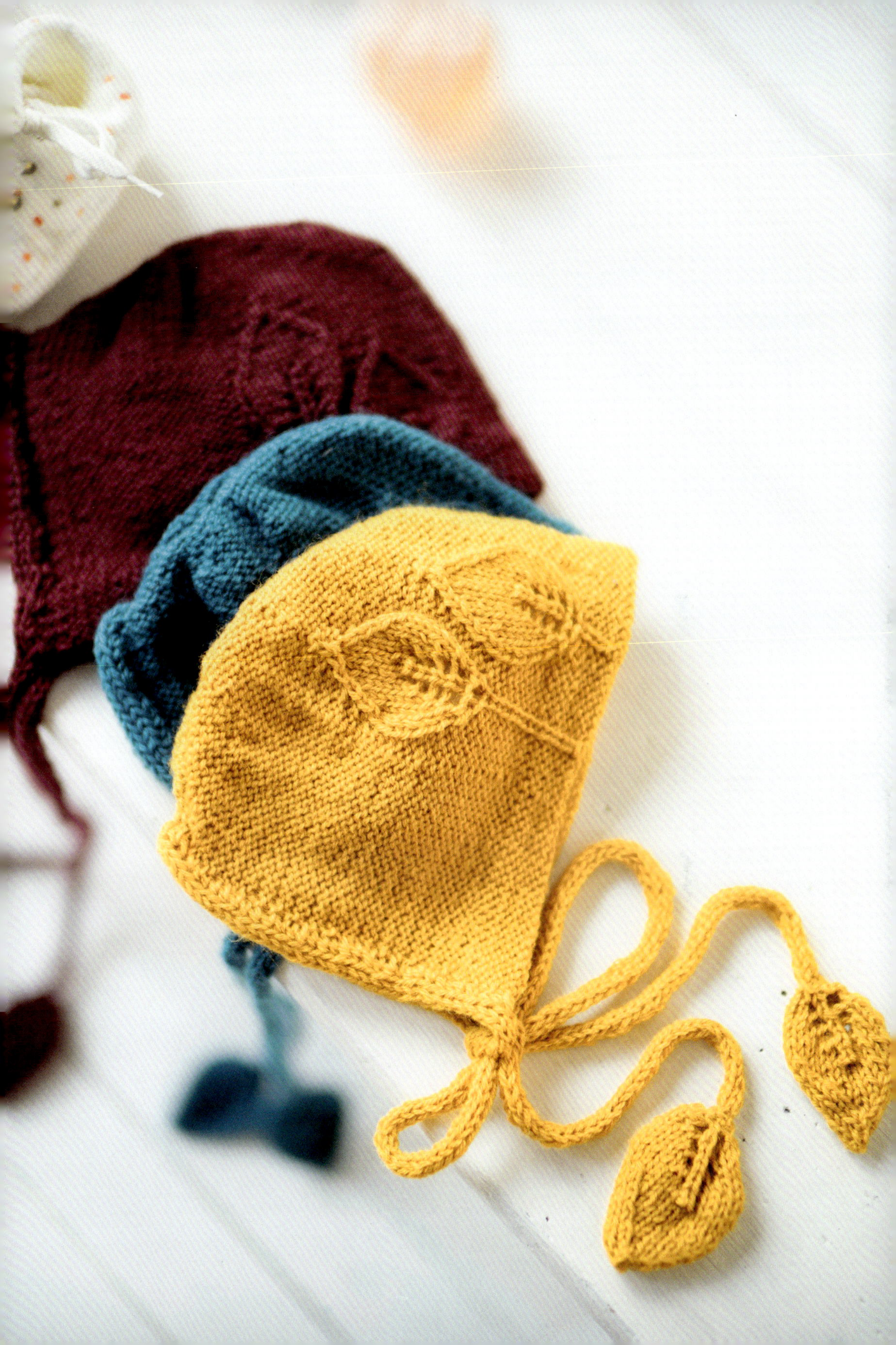

Elin

Schwierigkeitsgrad: mittel

Größe: 50/56, 62/68 und 74/80

Die Angaben für die kleinste Größe stehen vor der ersten Klammer, die für die größeren Größen hintereinander in den Klammern. Steht nur eine Angabe, so gilt diese für alle Größen.

Material:

- Elastico (96 % Baumwolle, 4 % Polyester, LL = 160 m/50 g) von Lana Grossa: pro Mütze je 50 g Cognac (Fb 149), Lachs (Fb 132) oder Hellpetrol (Fb 148); Stricknadeln und Nadelspiel in 3,5 mm, Häkelnadel in 3 mm.

Glatt rechts:

In Hinreihen rechte Maschen und in Rückreihen linke Maschen stricken; in Runden immer rechte Maschen stricken.

Ajourmuster über 31 Maschen:

Nach Strickschrift arbeiten. Es sind Hin- und Rückreihen gezeichnet. Die Maschen sind notiert, wie sie gestrickt werden. 1x die 1. – 14. Reihe arbeiten.

Maschenprobe:

24 Maschen und 34 Reihen/Runden = 10 cm x 10 cm.

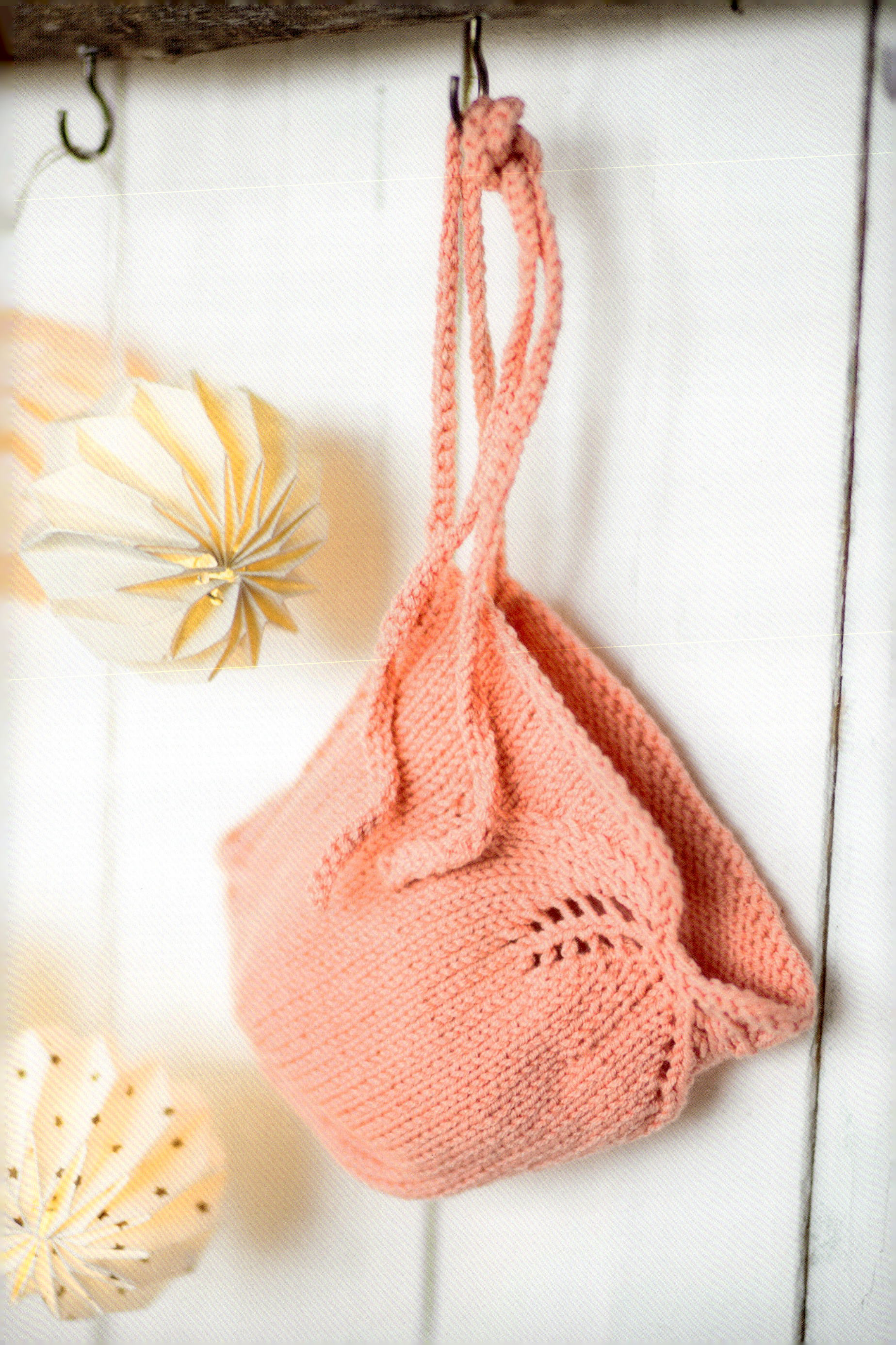

Elin

So wird's gemacht:

55 (59/63) Maschen in der gewünschten Farbe anschlagen und 1 Rückreihe rechts stricken. Dann die Maschen wie folgt einteilen: Randmasche, 5 (7/9) Maschen glatt rechts, 31 Maschen Ajourmuster, 17 (19/21) Maschen glatt rechts, Randmasche. Nach den 14 Reihen des Ajourmusters über alle Maschen glatt rechts weiterarbeiten. Nach 10 (10,5/11) cm = 34 (36/38) Reihen ab Anschlag glatt rechts in Runden weiterarbeiten, dabei in der 1. Runde die aufeinandertreffenden Randmaschen rechts zusammenstricken und gleichmäßig verteilt 4 (3) 2 Maschen abnehmen = 50 (55/60) Maschen. Die Maschen gleichmäßig auf 4 Nadeln verteilen – 12-13-12-13 (14-14-14-13/15) Maschen pro Nadel. Nun in der folgenden Runde gleichmäßig verteilt 5x je 1 Masche abnehmen = 45 (50/55) Maschen. Diese Abnahmen noch 7 (8/9)x in jeder Runde immer an den gleichen Abnahmestellen wiederholen = 10 Maschen. Die restlichen 10 Maschen mit dem Faden zusammenziehen.

Fertigstellung: Mit der Häkelnadel in der jeweiligen Farbe eine 27 (29/31) cm lange Luftmaschenkette häkeln, dann den unteren Mützenrand = seitlicher Mützenrand mit 1 Reihe feste Maschen und danach noch einmal eine 27 (29/31) cm lange Luftmaschenkette häkeln. Nun über alle Maschen 1 Reihe Kettmaschen arbeiten.

Hinweis: 1 Knäuel reicht für 2 Mützen.

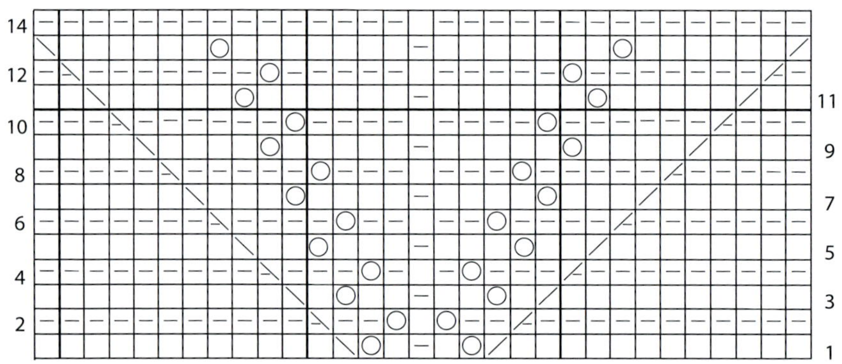

Zeichenerklärung:

- □ = 1 Masche rechts
- ⊟ = 1 Masche links
- ◎ = 1 Umschlag
- ⧄ = 2 Maschen rechts zusammenstricken
- ⧅ = 2 Maschen rechts überzogen zusammenstricken (= 1 Masche wie zum Rechtsstricken abheben, 1 Masche rechts stricken, dann die abgehobene Masche überziehen)
- = 2 Maschen links zusammenstricken
- = 2 Maschen links verschränkt zusammenstricken

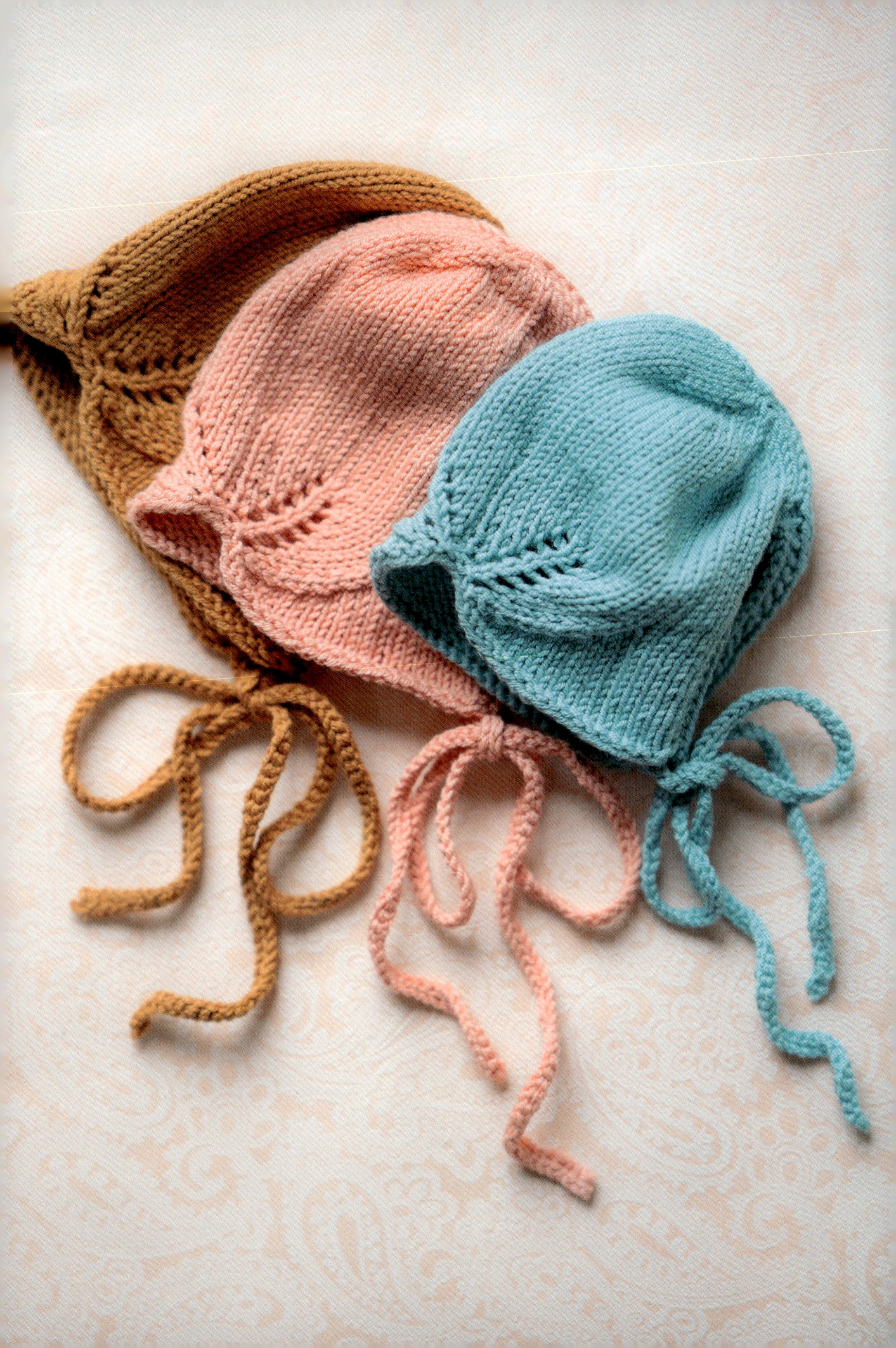

Svea

Schwierigkeitsgrad: mittel

Größe: 62/68, 80/86 und 98
Die Angaben für die kleinste Größe stehen vor der ersten Klammer, die für die größeren Größen hintereinander in den Klammern. Steht nur eine Angabe, so gilt diese für alle Größen.

Material:

- Sensitiva (100 % Schurwolle, LL = 185 m/50 g) von Schulana: pro Mütze je 50 g Taubenblau (Fb 29), Lachs (Fb 8) oder Mint (Fb 2); Stricknadeln und Nadelspiel in 3,5 mm.

Kraus rechts:
In Hin- und Rückreihen rechte Maschen stricken.

Glatt rechts:
In Runden immer rechte Maschen stricken.

Ajourmuster:
Maschenzahl teilbar durch 10 + 1 + 2 Randmaschen. Nach Strickschrift arbeiten. Es sind nur die Hinreihen gezeichnet. In den Rückreihen alle Maschen und Umschläge links stricken. Mit der Masche vor dem rechten Pfeil beginnen, den Rapport von 10 Maschen zwischen den Pfeilen stets wiederholen und mit den Maschen nach dem linken Pfeil enden. Die 1. – 8. Reihe stets wiederholen.

Maschenprobe:

25 Maschen und 36 Reihen/Runden = 10 cm x 10 cm.

So wird's gemacht:

63 (73/83) Maschen in der gewünschten Farbe anschlagen und für den Bund 1,5 cm = 5 Reihen im Rippenmuster stricken, dabei mit 1 Rückreihe beginnen. Dann im Ajourmuster weiterarbeiten. Nach 9 (9/11,5) cm = 32 (32/40) Reihen ab Bund glatt rechts in Runden weiterarbeiten, dabei in der 1. Runde die aufeinandertreffenden Randmaschen rechts zusammenstricken und gleichmäßig verteilt 2 Maschen abnehmen = 60 (70/80) Maschen. Die Maschen gleichmäßig auf 4 Nadel verteilen – 15 (17-18-17-18/20) Maschen pro Nadel. Nun in der folgenden Runde gleichmäßig verteilt 10x je 1 Masche abnehmen = 50 (60/70) Maschen. Diese Abnahmen noch 3x in jeder 2. Runde (2x in jeder 3. Runde und 2x in jeder 2. Runde/ 3x in jeder 3. Runde und 2x in jeder 2. Runde) immer an den gleichen Abnahmestellen wiederholen = 10 Maschen. Die restlichen 10 Maschen mit dem Faden zusammenziehen.

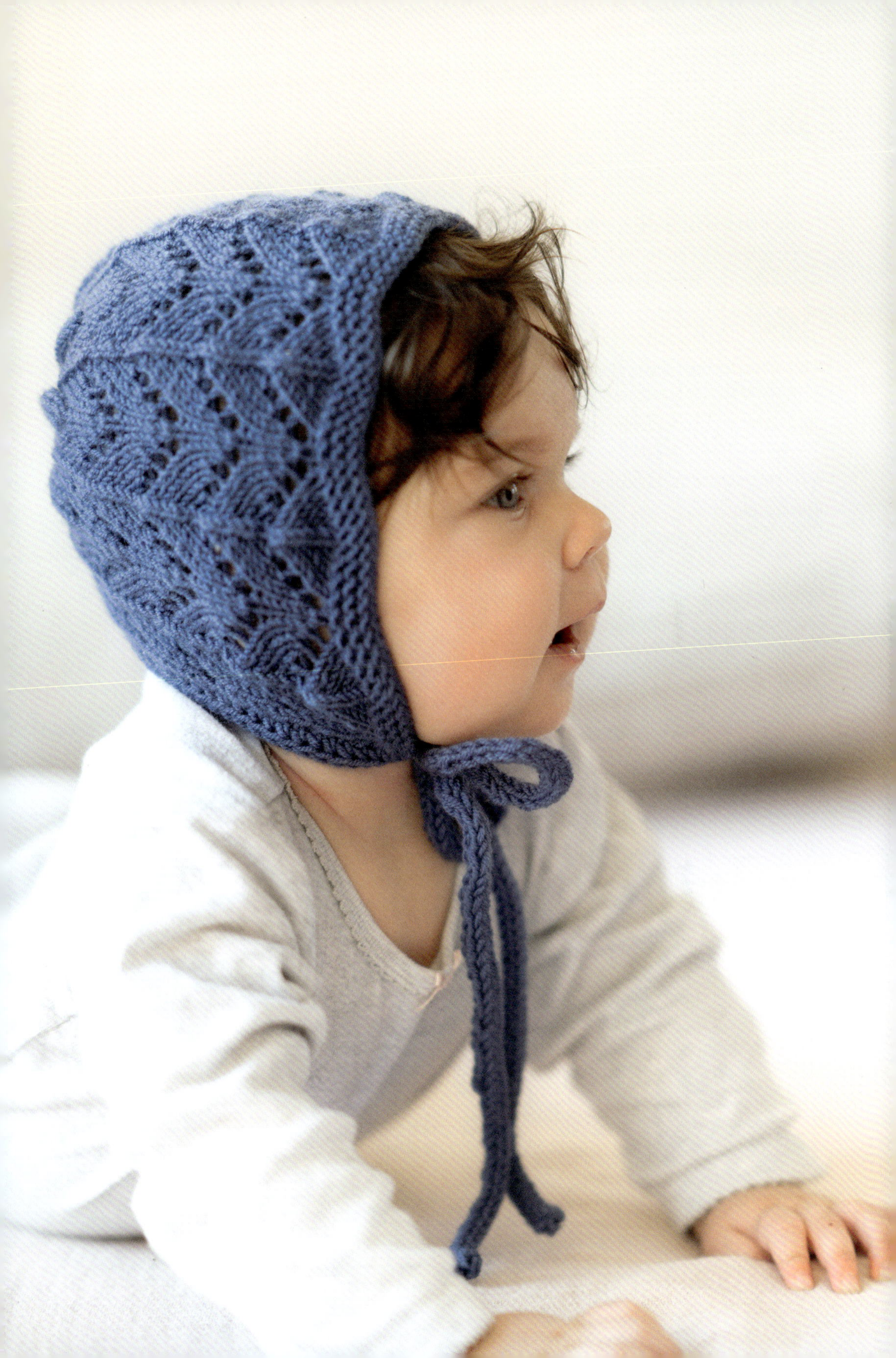

Svea

Fertigstellung: Aus dem unteren Mützenrand 55 (55/67) Maschen mit der Rundstricknadel in der jeweiligen Farbe auffassen. Dann die Maschen stilllegen. Nun für das erste Band 4 Maschen in der jeweiligen Farbe anschlagen. * 4 Maschen rechts, die Arbeit nicht wenden, sondern die Maschen wieder auf die linke Nadel legen; ab * stets wiederholen. Nach 27 (30/33) cm mit den Maschen des Bands und den stillgelegten aufgefassten Maschen wie folgt weiterarbeiten: * 3 Maschen rechts, 2 Maschen rechts zusammenstricken, Arbeit nicht wenden, sondern die Maschen wieder auf die linke Nadel legen; ab * stets wiederholen, bis die 55 (55/67) Maschen abgekettet sind. Dann das zweite Band wie das erste Band stricken: * 4 Maschen rechts, die Arbeit nicht wenden, sondern die Maschen wieder auf die linke Nadel legen; ab * stets wiederholen. Nach 27 (30/33) cm die restlichen 4 Maschen abketten.

Hinweis: 1 Knäuel reicht für 2 Mützen.

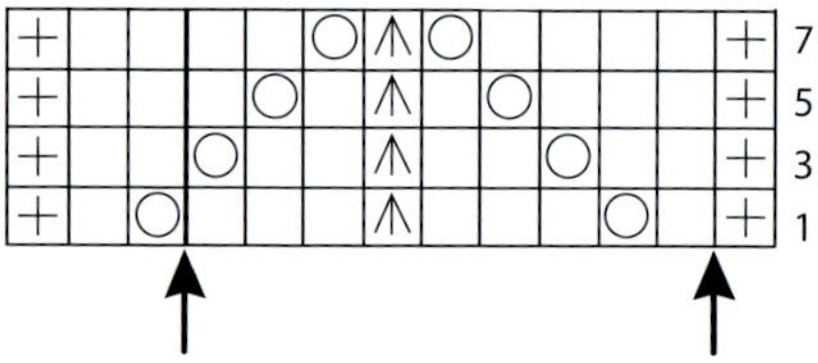

Zeichenerklärung:

=Randmasche

=1 Masche rechts

=1 Umschlag

= 3 Maschen mit oben aufliegender Mittelmasche rechts zusammenstricken (= 2 Maschen gemeinsam wie zum Rechtsstricken abheben, 1 Masche rechts stricken, dann die beiden abgehobenen Maschen zusammen überziehen)

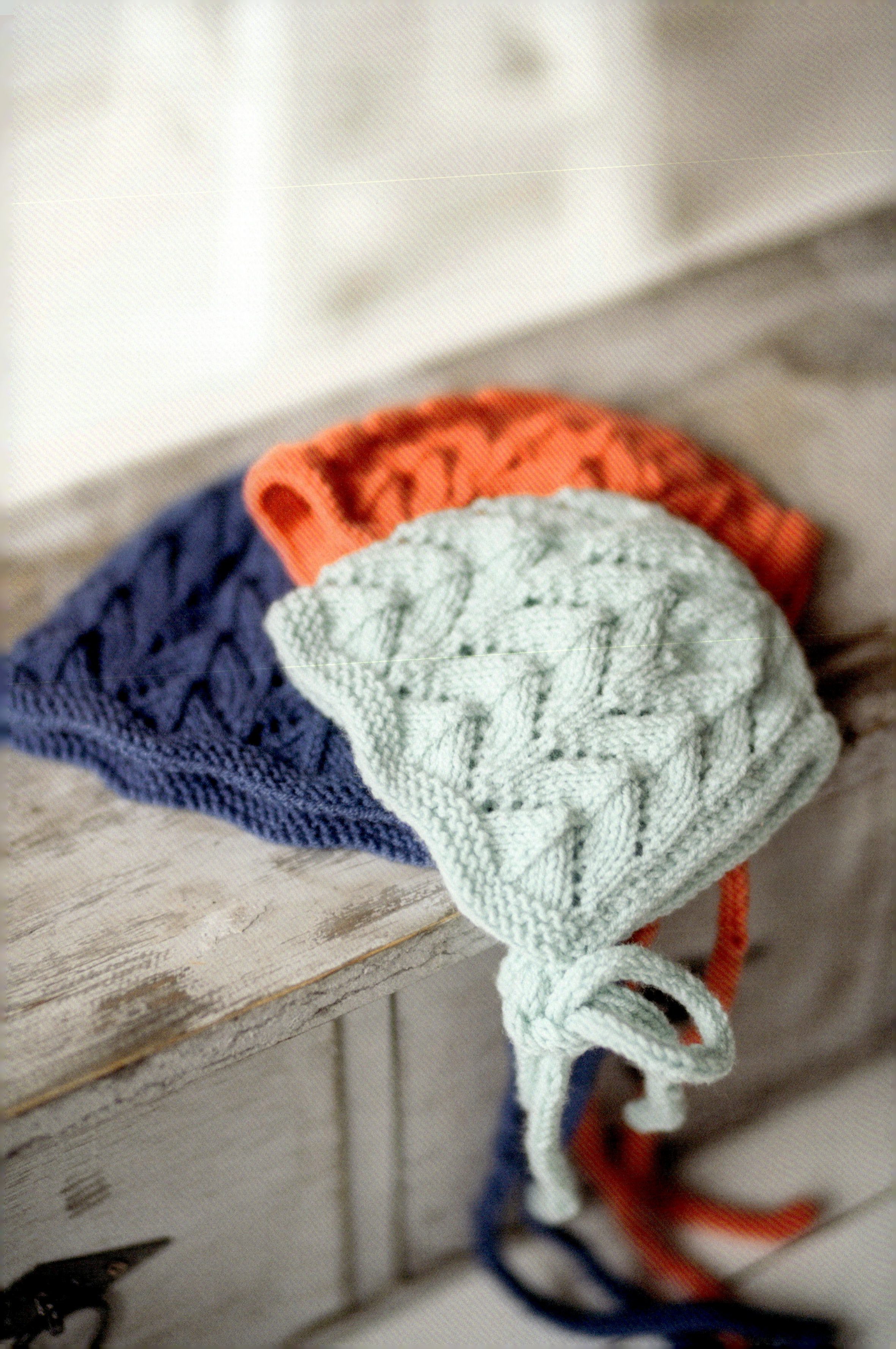

Sanna

Schwierigkeitsgrad: mittel

Größe: 68/74, 80/86 und 92/98
Die Angaben für die kleinste Größe stehen vor der ersten Klammer, die für die größeren Größen hintereinander in den Klammern. Steht nur eine Angabe, so gilt diese für alle Größen.

Material:

- Linie 5 Corafino (60 % Schurwolle, 40 % Polyacryl, LL = 175 m/50 g) von Online: pro Mütze je 50 g Hellblau (Fb 7), Eisblau (Fb 53) oder Hellgrün (Fb 13); Stricknadeln und Nadelspiel in 3 mm, Häkelnadel in 3 mm.

Kraus rechts:
In Hin- und Rückreihen rechte Maschen stricken.

Glatt rechts:
In Hinreihen rechte Maschen und in Rückreihen linke Maschen stricken; in Runden immer rechte Maschen stricken.

Rechts-Linksmuster:
Maschenzahl teilbar durch 8 + 1. Nach Strickschrift arbeiten. Es sind Hin- und Rückreihen gezeichnet. Die Maschen sind notiert, wie sie gestrickt werden. Den Rapport von 8 Maschen zwischen den Pfeilen stets wiederholen und mit der Masche nach dem linken Pfeil enden. Die 1. – 8. R stets wiederholen.

Maschenprobe:

25 Maschen und 38 Reihen = 10 cm x 10 cm.

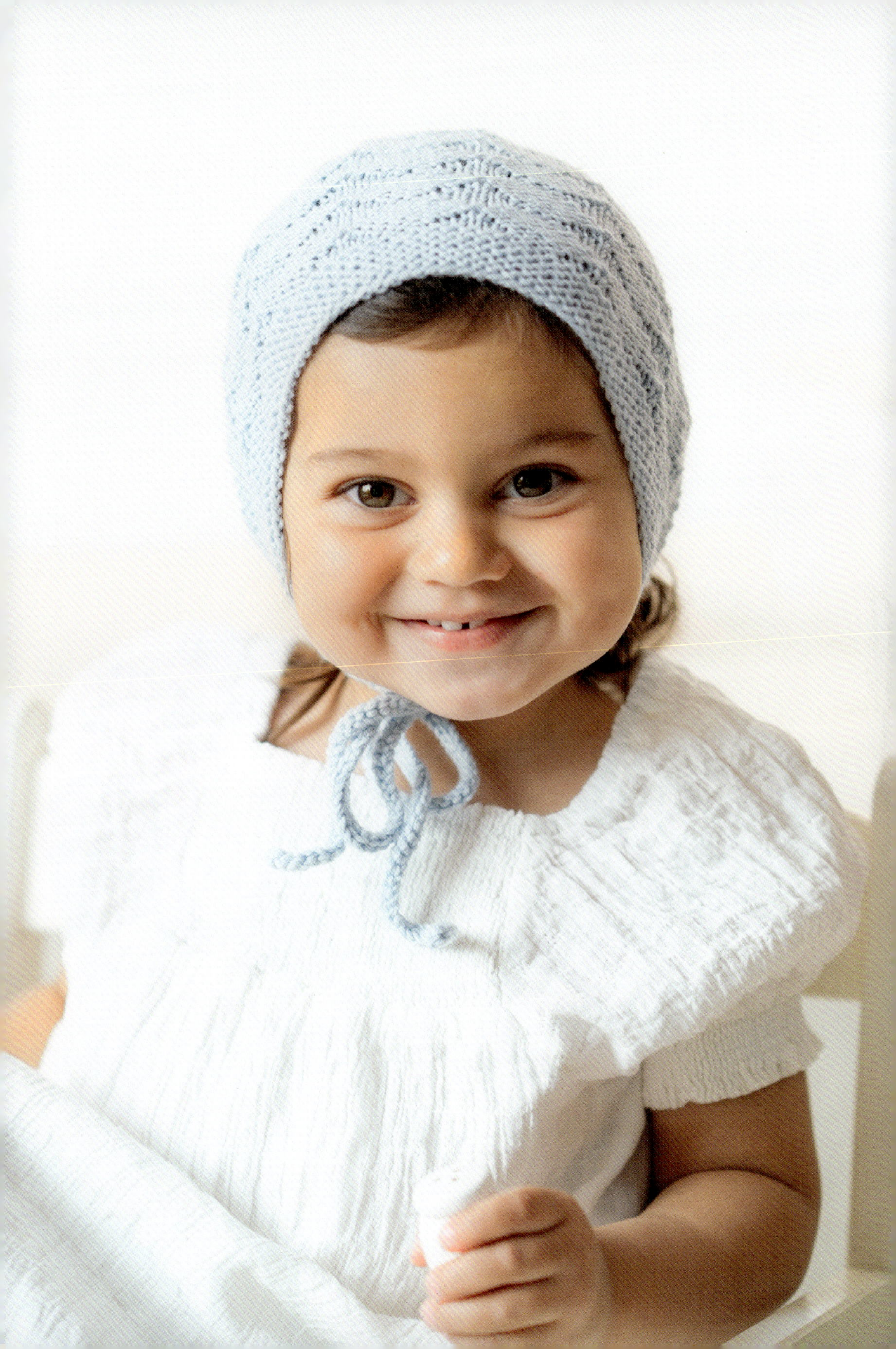

Sanna

So wird's gemacht:

67 (75/83) Maschen in der gewünschten Farbe anschlagen und für den Bund 2 cm = 9 Reihen kraus rechts stricken. Dann die Maschen wie folgt einteilen: 5 Maschen kraus rechts (inklusive Randmasche), 57 (65/73) Maschen Rechts-Linksmuster, 5 Maschen kraus rechts (inklusive Randmasche). Nach 10 (11/12) cm = 40 (40/48) Reihen ab Bund glatt rechts in Runden weiterarbeiten, dabei in der 1. Runde die aufeinandertreffenden Randmaschen rechts zusammenstricken und gleichmäßig verteilt 2 Maschen abnehmen = 64 (72/80) Maschen. Die Maschen gleichmäßig auf 4 Nadeln verteilen – 16 (18/20) Maschen pro Nadel. Nun in der folgenden Runde gleichmäßig verteilt 8x je 1 Masche abnehmen = 56 (64/72) Maschen. Diese Abnahmen noch 1 (3/6)x in jeder 2. Runde und 5 (4/2)x in jeder Runde immer an den gleichen Abnahmestellen wiederholen = 8 Maschen. Die restlichen 8 Maschen mit dem Faden zusammenziehen.

Fertigstellung: Mit der Häkelnadel zweifädig in der jeweiligen Farbe an den unteren Ecken je eine 27 (29/31) cm lange Luftmaschenkette und 1 Reihe Kettmaschen häkeln.

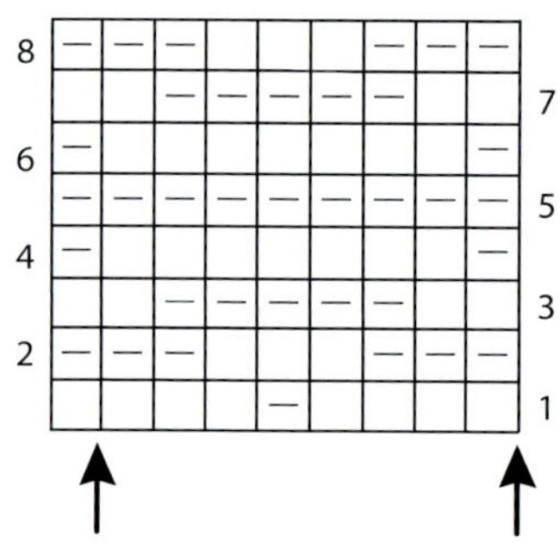

Zeichenerklärung:

□ =1 Masche rechts

⊟ =1 Masche links

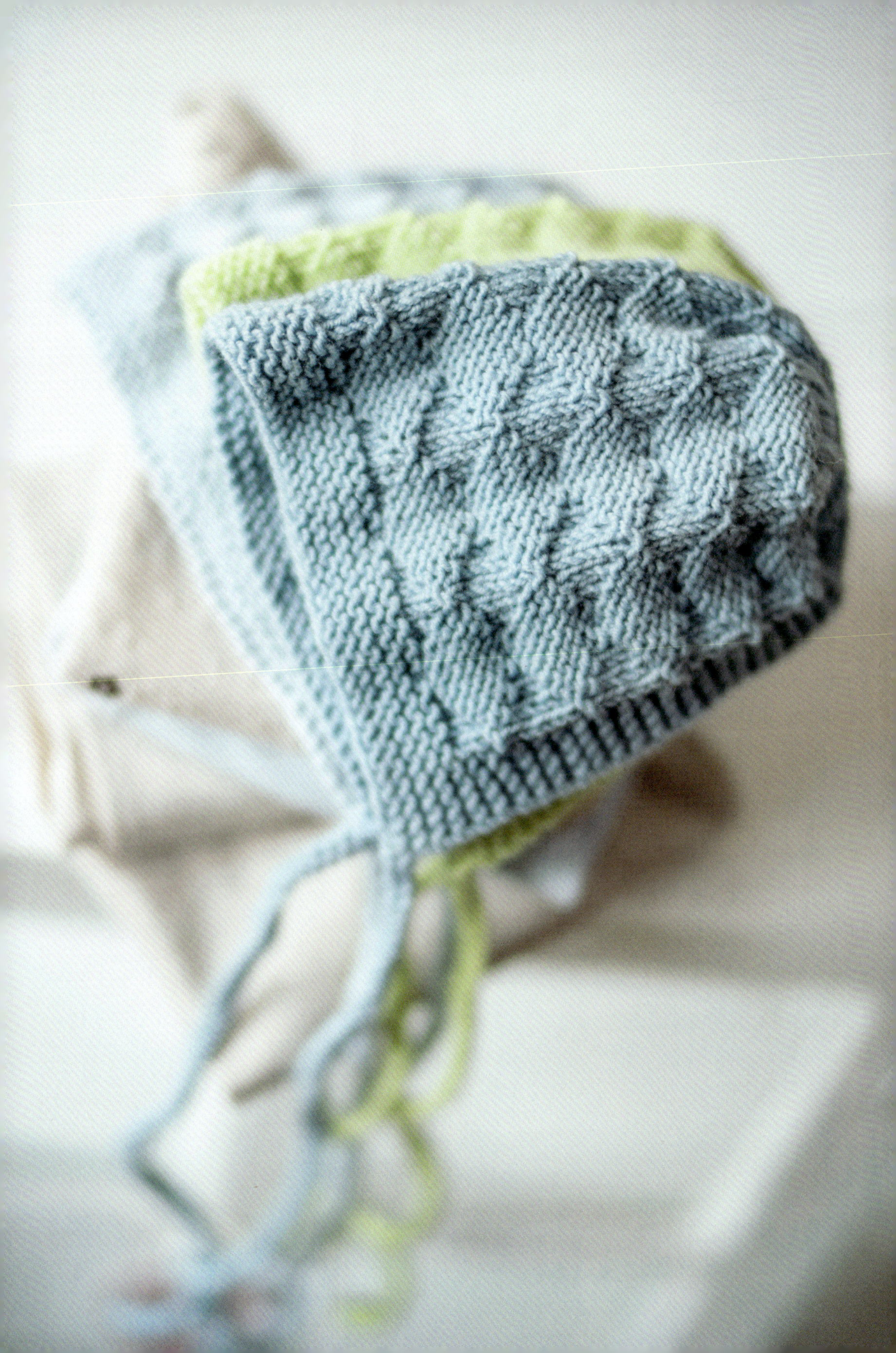

Solveig

Schwierigkeitsgrad: einfach-mittel

Größe: 50/56, 62/68 und 74/80

Die Angaben für die kleinste Größe stehen vor der ersten Klammer, die für die größeren Größen hintereinander in den Klammern. Steht nur eine Angabe, so gilt diese für alle Größen.

Material:

- Ecopuno (72 % Baumwolle, 17 % Schurwolle, 11 % Alpaka, LL = 215 m/50 g) von Lana Grossa: pro Mütze je 50 g Pfirsich (Fb 7), Lila (Fb 30) oder Hellgrün (Fb 20); Stricknadeln und Nadelspiel in 3,5 mm, Häkelnadel in 3 mm, Gummiband.

Glatt rechts:

In Hinreihen rechte Maschen und in Rückreihen linke Maschen stricken; in Runden immer rechte Maschen stricken.

Kraus rechts:

In Hin- und Rückreihen rechte Maschen stricken.

Doppel-Maschen:

Nach dem Wenden am Reihenanfang den Faden vor die Arbeit legen, von rechts in die 1. Masche einstechen, die Maschen und den Faden zusammen abheben. Danach den Faden fest über die Nadel nach hinten ziehen. Dadurch wird die Masche über die Nadel gezogen und liegt doppelt. In der folgenden Reihe beide Maschenteile zusammen erfassen und mustergemäß rechts oder links abstricken.

Maschenprobe:

23 Maschen und 35 Reihen/Runden = 10 cm x 10 cm.

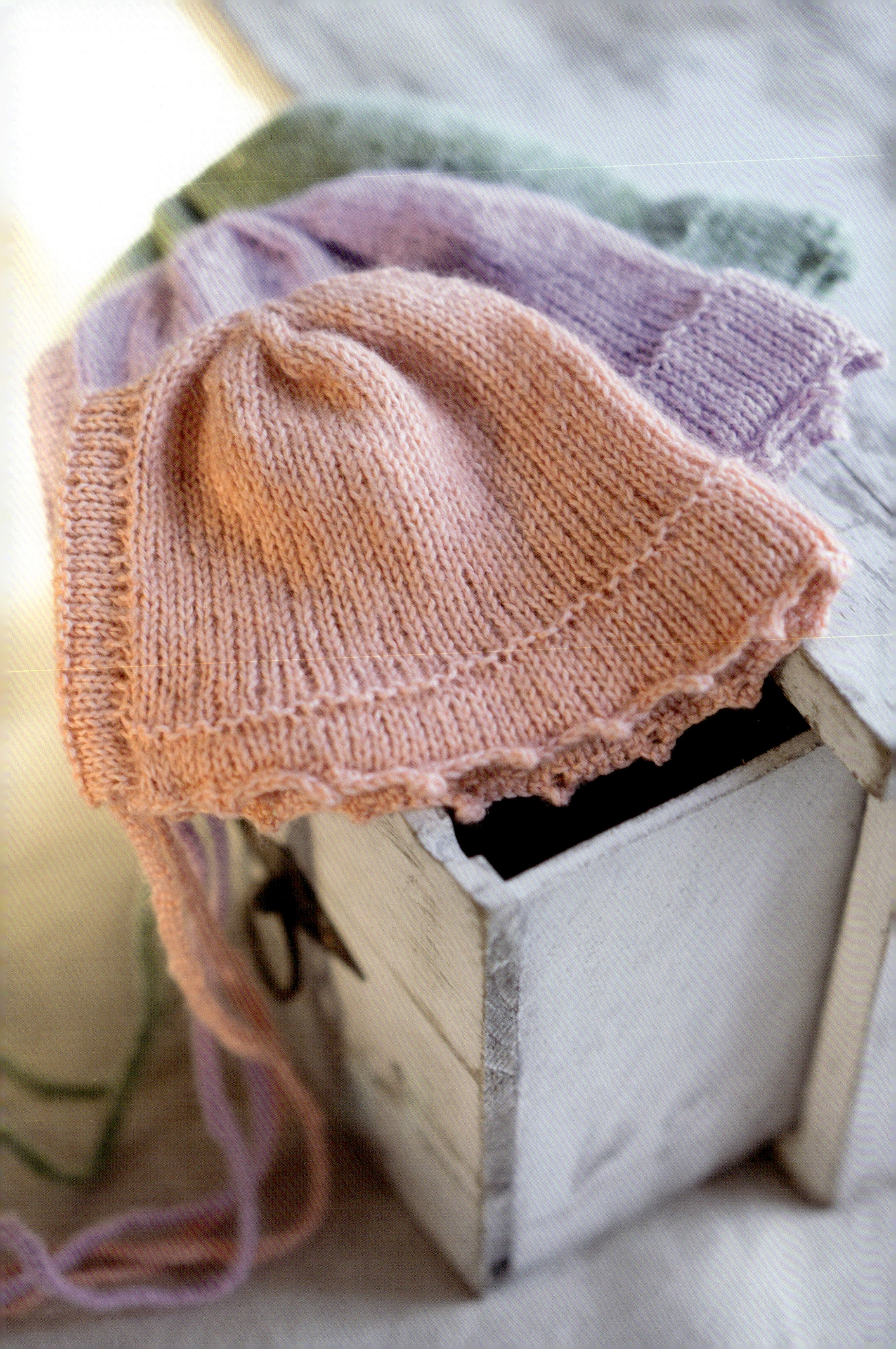

Solveig

So wird's gemacht:

8 Maschen in der gewünschten Farbe anschlagen, die Maschen gleichmäßig auf 4 Nadeln verteilen – 2 Maschen pro Nadel. Glatt rechts in Runden stricken, den Rundenanfang markieren. 1 Runde ohne Zunahmen arbeiten, dann zur Formgebung in der folgenden Runde gleichmäßig verteilt 8x je 1 Umschlag arbeiten = 16 Maschen. In der folgenden Runde die Umschläge rechts stricken. Diese Zunahmen noch 6 (7/8)x in jeder Runde an den gleichen Zunahmestellen wiederholen = 64 (72/80) Maschen. In der folgenden Runde die Arbeit am Rundenanfang teilen und glatt rechts in Reihen weiterarbeiten. Nach 9 (10/11) cm = 32 (35/38) Reihen ab Teilung 1 Hinreihe linke Maschen stricken. Dann wieder glatt rechts weiterarbeiten, dabei in der folgenden Hinreihe gleichmäßig verteilt 20 Maschen zunehmen = 84 (92/100) Maschen. Nach 1 cm = 5 Reihen ab der linken Hinreihe beidseitig in jeder 2. Reihe 3x je 10 (11/12) Maschen und die mittleren 24 (26/28) Maschen stilllegen, dabei beim Wenden je 1 Doppel-Masche arbeiten. Nun für den Umbruch 2 Reihen kraus rechts über alle Maschen stricken. Danach glatt rechts weiterarbeiten, dabei beidseitig der mittleren 24 (26/28) Maschen in jeder 2. Reihe über 3x je 10 (11/12) Maschen mehr arbeiten, dabei beim Wenden je 1 Doppel-Masche arbeiten. Nach weiteren 5 Reihen alle Maschen abketten, dabei in der Reihe vor dem Abketten gleichmäßig verteilt 20 Maschen abnehmen.

Fertigstellung: Den Gesichtsrand am Umbruch nach innen umschlagen und annähen. Den Umbruch in der jeweiligen Farbe mit 1 Reihe wie folgt umhäkeln: Anschlingen, 1 Luftmasche, 6 (7/7) feste Maschen, * 1 Pikot (= 3 Luftmaschen, 1 feste Masche in die 1. Luftmasche), 5 feste Maschen; ab * stets wiederholen, 1 (2/2) feste Maschen. Aus dem unteren Mützenrand 52 (58/64) Maschen mit der Rundstricknadel in der jeweiligen Farbe auffassen und 1 cm = 5 Reihen glatt rechts stricken, dann für den Umbruch 1 Hinreihe linke Masche stricken, danach wieder 1 cm = 5 Reihen glatt rechts stricken. Dann alle Maschen abketten. Die Blende am Umbruch nach innen umschlagen und annähen, dabei in die Naht das Gummiband einziehen (dabei etwas einhalten). Für das Band eine 76 (82/88) cm lange Luftmaschenkette in der jeweiligen Farbe häkeln und 1 Reihe Kettmaschen arbeiten. Das Band in den Tunnelzug einziehen.

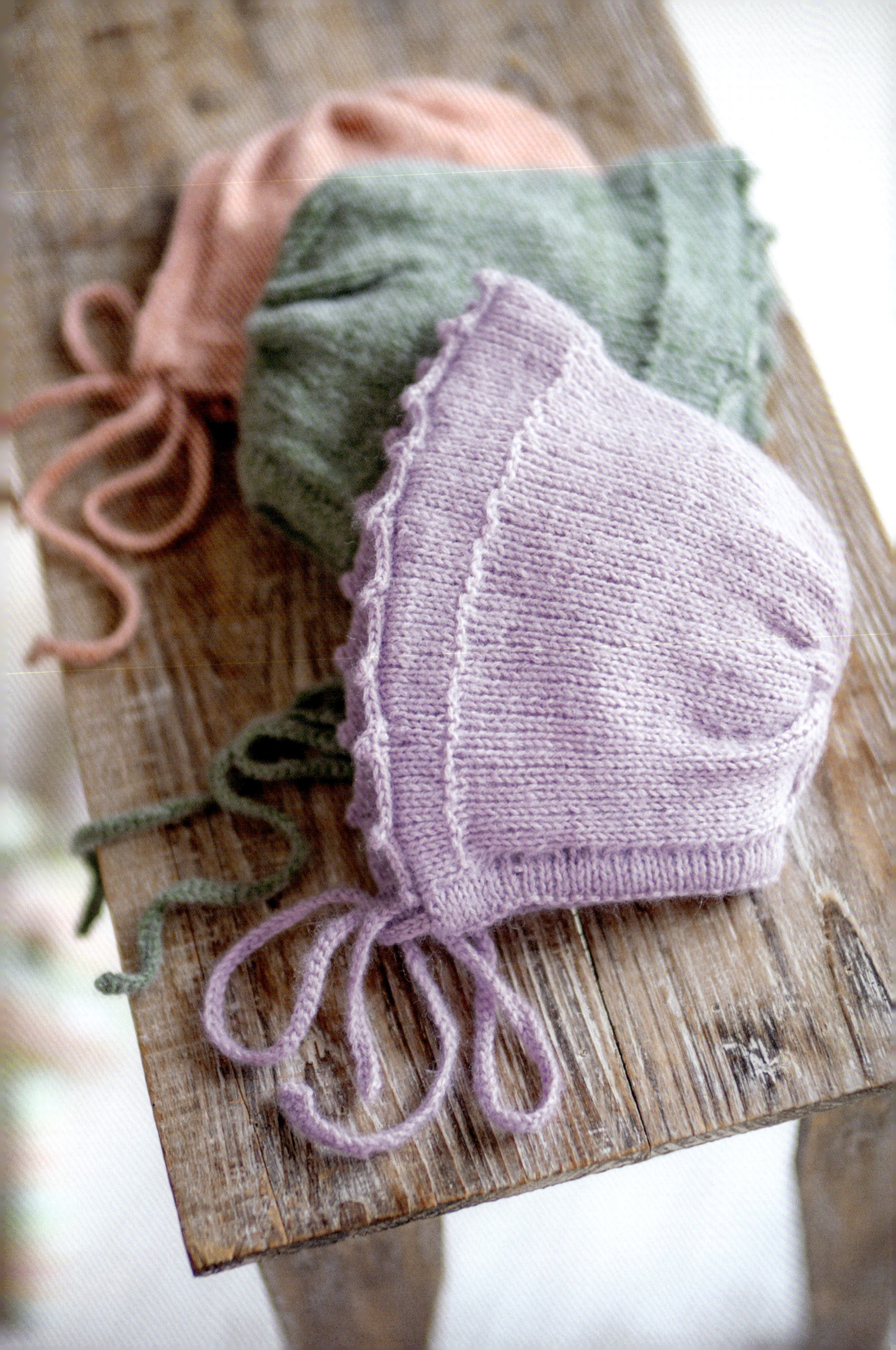

Arvid

Schwierigkeitsgrad: mittel

Größe: 68/74, 80/86 und 92/98
Die Angaben für die kleinste Größe stehen vor der ersten Klammer, die für die größeren Größen hintereinander in den Klammern. Steht nur eine Angabe, so gilt diese für alle Größen.

Material:

- Cool Wool Big (100 % Schurwolle, LL = 120 m/ 50 g) von Lana Grossa: pro Mütze je 50 g Resedagrün (Fb 967), Rotorange (Fb 970) oder Dunkelblau (Fb 655); Stricknadeln und Nadelspiel in 4 mm, Häkelnadel in 3,5 mm.

Rippenmuster:
Maschenzahl teilbar durch 2 + 1. 1 Masche rechts, 1 Masche links im Wechsel stricken.

Glatt rechts:
In Hinreihen rechte Maschen und in Rückreihen linke Maschen stricken; in Runden immer rechte Maschen stricken.

Noppenmuster:
Maschenzahl teilbar durch 8 + 1 + 2 Randmaschen. Nach Strickschrift arbeiten. Es sind nur die Hinreihen gezeichnet. In den Rückreihen alle Maschen links stricken. Mit den Maschen vor dem rechten Pfeil beginnen, den Rapport von 8 Maschen zwischen den Pfeilen stets wiederholen und mit den Maschen nach dem linken Pfeil enden. Die 1. – 16. R stets wiederholen.

Maschenprobe:

21,5 Maschen und 28 Reihen/Runden = 10 cm x 10 cm.

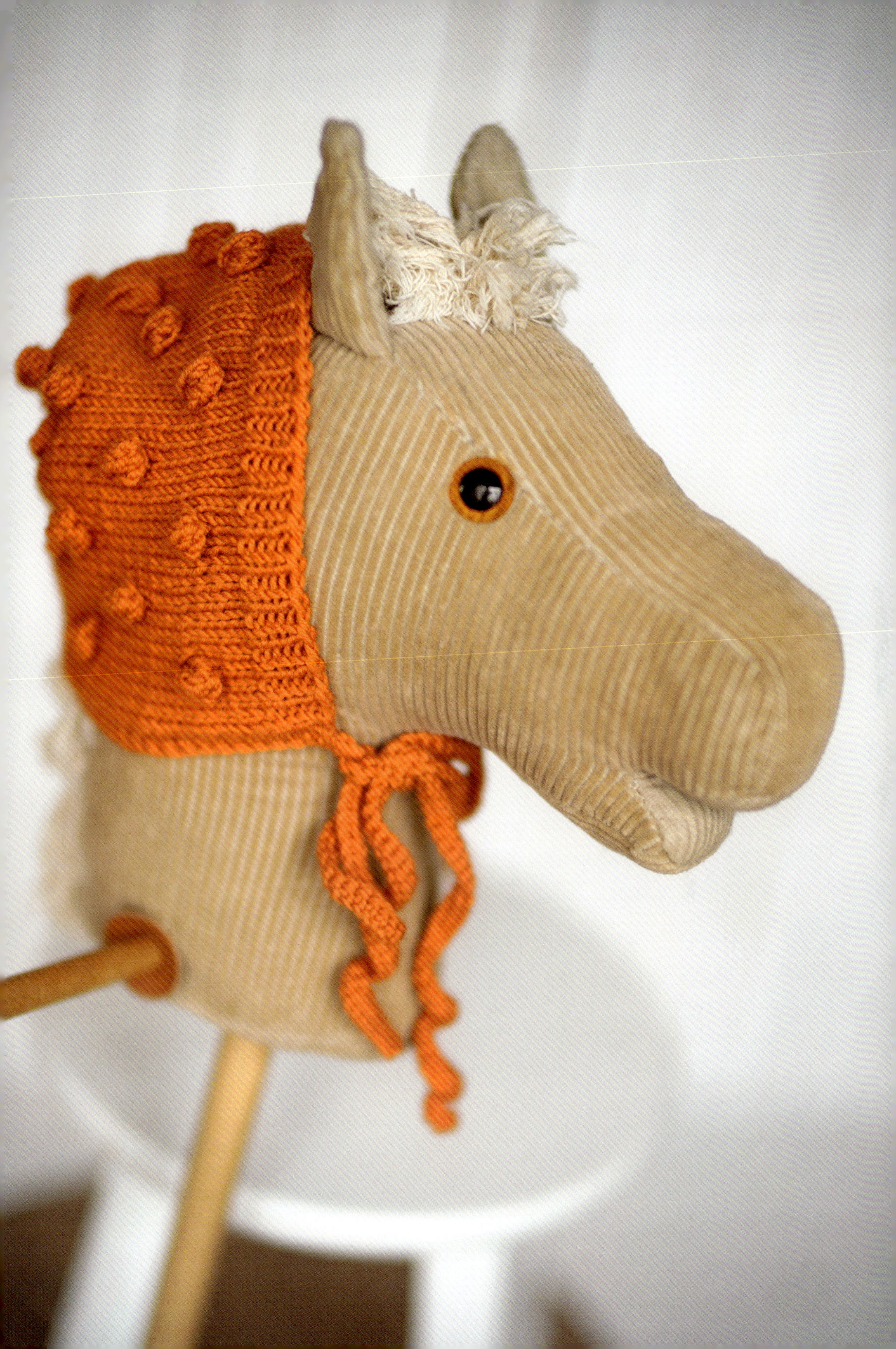

Arvid

So wird's gemacht:

59 (67/75) Maschen in der gewünschten Farbe anschlagen und für den Bund 2 cm = 5 Reihen im Rippenmuster stricken. Dann im Noppenmuster weiterarbeiten. Nach 10 (11/12) cm = 28 (30/34) Reihen ab Bund glatt rechts in Runden weiterarbeiten, dabei in der 1. Runde die aufeinandertreffenden Randmaschen rechts zusammenstricken und gleichmäßig verteilt 2 Maschen abnehmen = 56 (64/72) Maschen. Die Maschen gleichmäßig auf 4 Nadeln verteilen – 14 (16/18) Maschen pro Nadel. Nun in der folgenden Runde gleichmäßig verteilt 8x je 1 Masche abnehmen = 48 (56/64) Maschen. Diese Abnahmen noch 5x in jeder Runde (1x in der folgenden 2. Runde und 5x in jeder Runde/ 3x in jeder 2. Rund und 4x in jeder Runde) immer an den gleichen Abnahmestellen ebenso arbeiten = 8 Maschen. Die restlichen 8 Maschen mit dem Faden zusammenziehen.

Fertigstellung: Mit der Häkelnadel in der jeweiligen Farbe eine 27 (29/31) cm lange Luftmaschenkette häkeln, dann den unteren Mützenrand = seitlicher Mützenrand mit 1 Reihe fester Maschen und danach wieder eine 27 (29/31) cm lange Luftmaschenkette häkeln. Nun über alle Maschen 1 Reihe feste Maschen arbeiten.

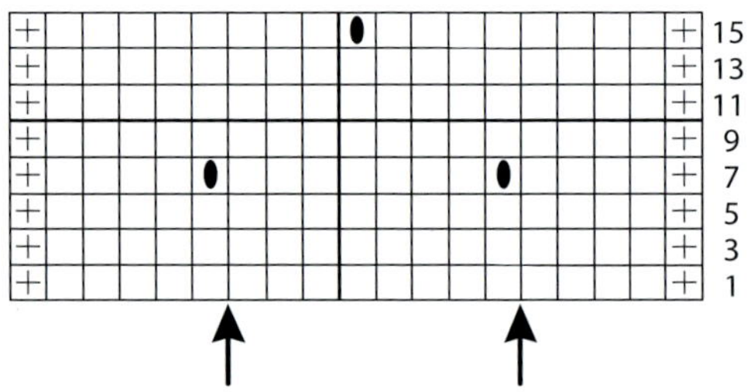

Zeichenerklärung:

= Randmasche

= 1 Masche rechts

= 1 Noppe (= 5 Maschen aus 1 Masche herausstricken (= 1 Masche rechts, 1 Umschlag im Wechsel), Arbeit wenden, 5 Maschen links, Arbeit wenden, 5 Maschen rechts, Arbeit wenden, 5 Maschen links, Arbeit wenden, 5 Maschen mit oben aufliegender Mittelmasche rechts zusammenstricken (= 3 Maschen zusammen wie zum Rechtsstricken abheben, dann 2 Maschen rechts zusammenstricken und die 3 abgehobenen Maschen überziehen)

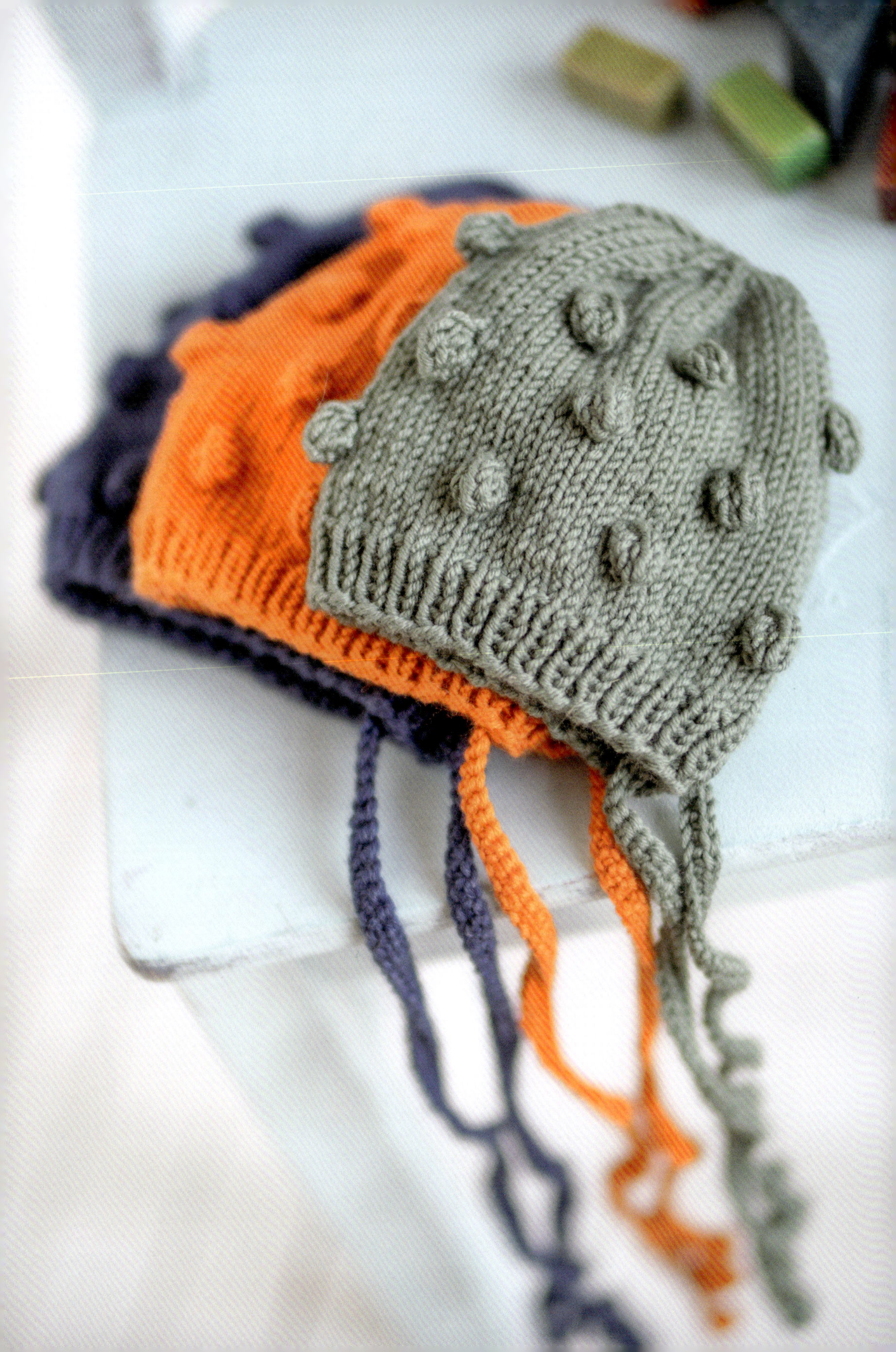

Grundkurs Stricken

Rechte Maschen

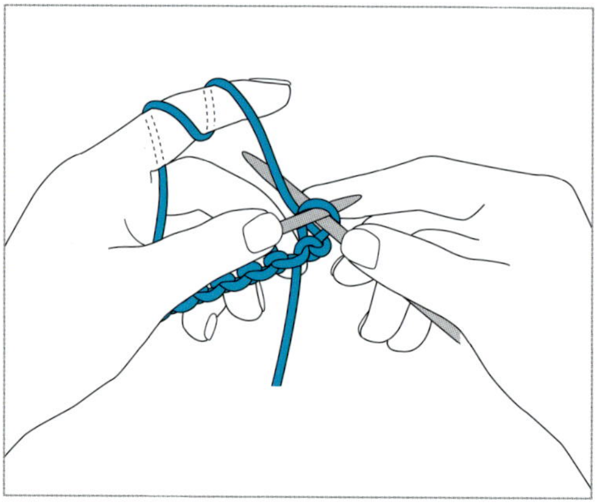

Der Faden liegt hinter der linken Nadel. Mit der rechten Nadel von vorn nach hinten in die Masche einstechen. Dann den Faden mit der rechten Nadel fassen.

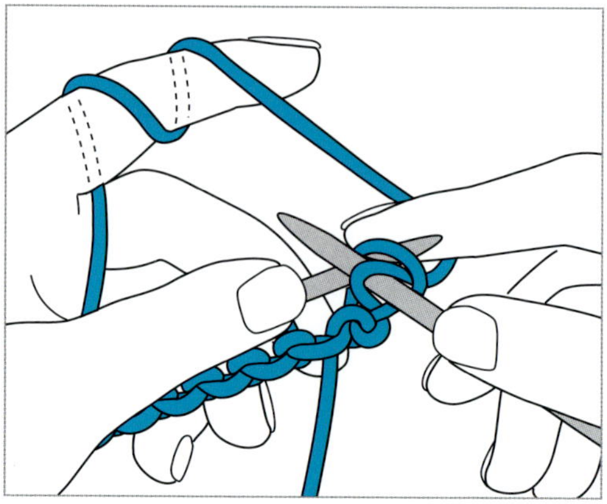

Mit der rechten Nadel den Faden nach vorn durchziehen. Dann die Schlinge von der linken Nadel gleiten lassen, den Faden leicht anziehen.

Linke Masche

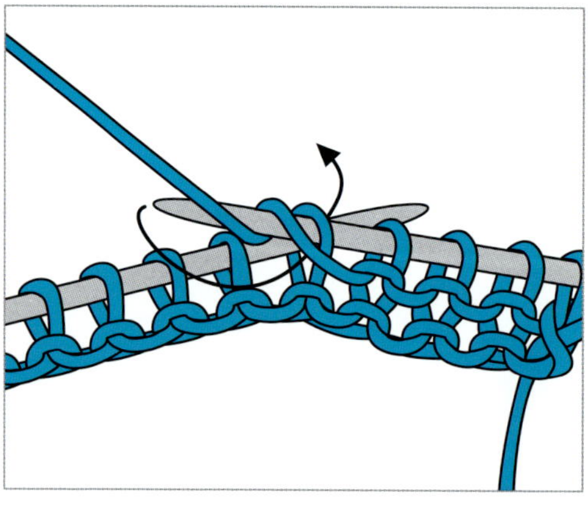

Der Faden liegt vor der Arbeit. Mit der rechten Nadel von rechts nach links in die Masche einstechen.
Den Faden von vorn nach hinten um die Nadelspitze schlingen und durch die Masche holen.

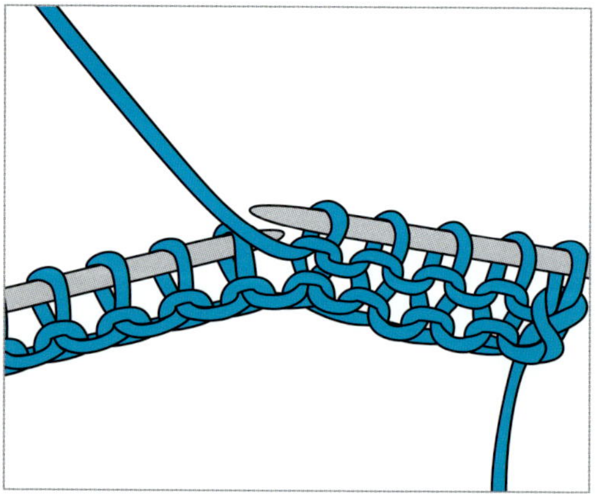

Die Masche von der linken Nadel gleiten lassen.

2 Maschen rechts zusammenstricken

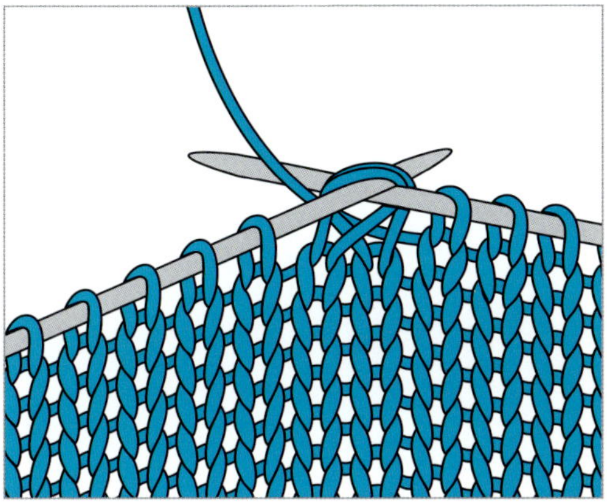

Der Faden liegt hinter der Arbeit. Mit der rechten Nadel von links nach rechts wie zum Rechtsstricken in die beiden Maschen zugleich einstechen.

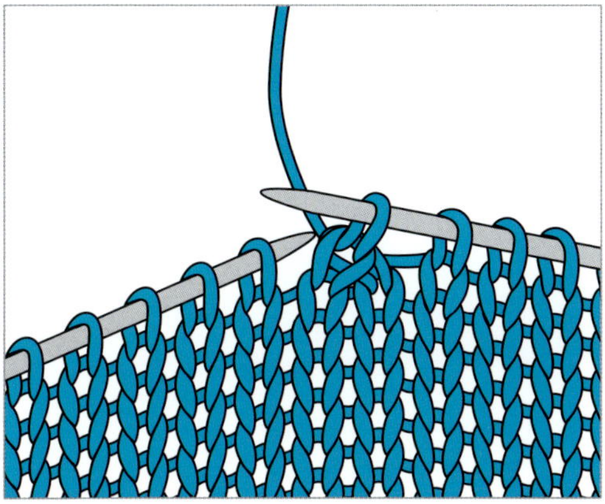

Den Faden holen und nach vorn durch beide Maschen ziehen. Die Maschen von der linken Nadel gleiten lassen.

2 Maschen links zusammenstricken

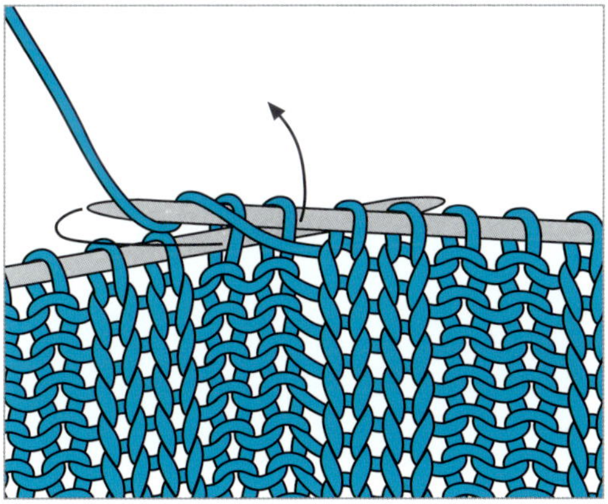

Der Faden ist vor der Arbeit. Mit der rechten Nadel von rechts nach links durch die ersten 2 Maschen der linken Nadel stechen.

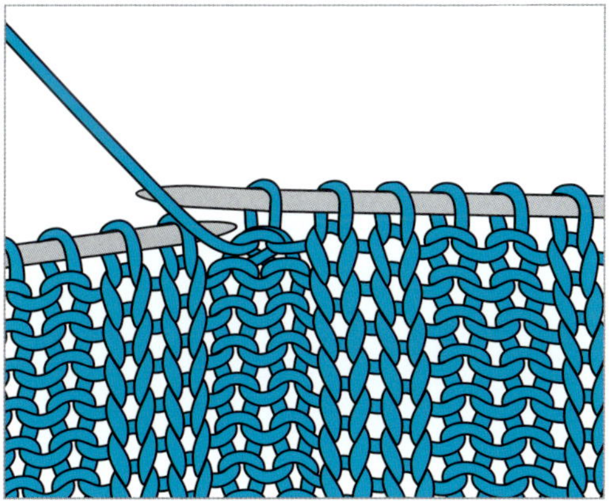

Den Faden durch beide Maschen holen und die Maschen von der linken Nadel gleiten lassen.

2 Maschen rechts überzogen zusammenstricken

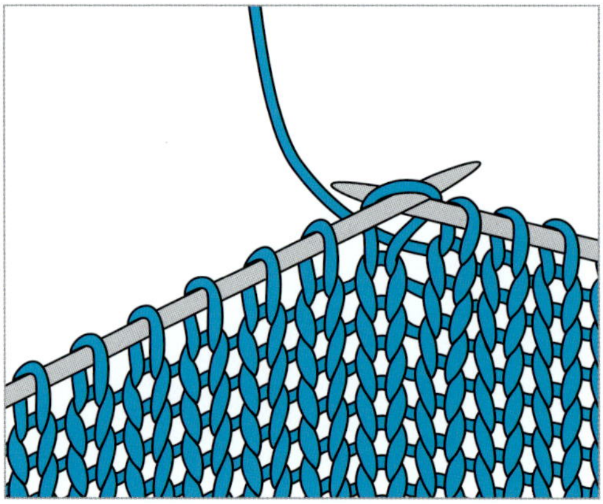

1 Masche wie zum Rechtsstricken abheben.

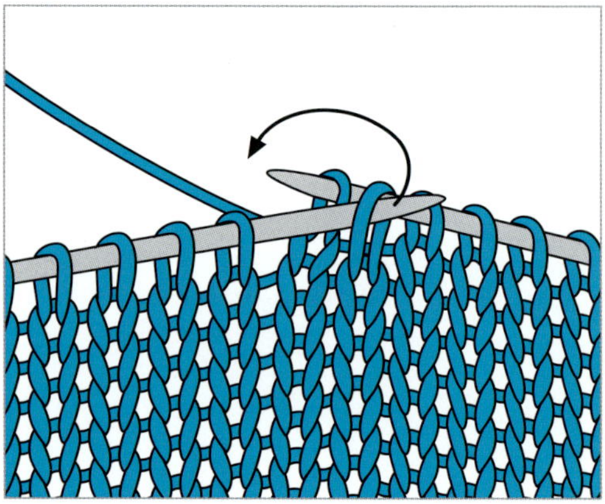

Die folgende Masche rechts stricken.

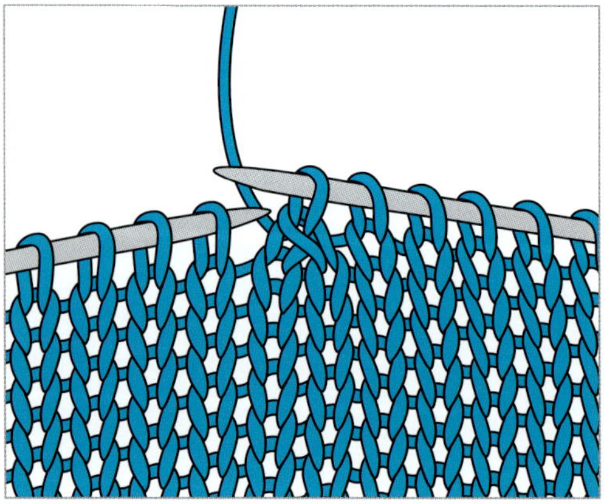

Die abgehobene Masche darüberziehen.

1 Masche aus dem Querfaden rechts verschränkt zunehmen

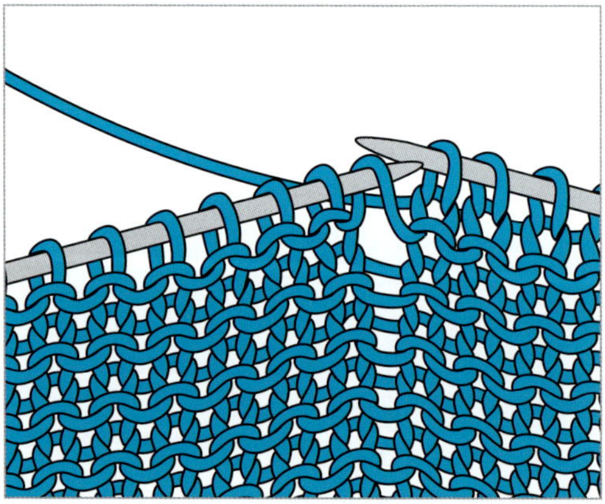

Der Arbeitsfaden liegt hinten. Mit der linken Nadel von vorn nach hinten unter dem Querfaden zwischen 2 Maschen einstechen, sodass der Querfaden auf der Nadelspitze liegt.

1 Masche rechts verschränkt zunehmen

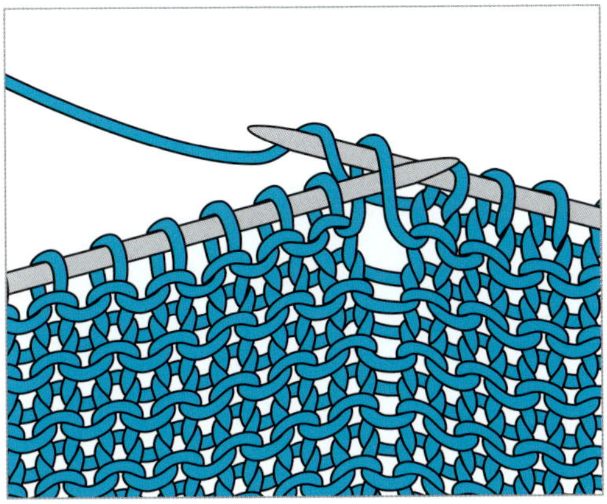

Mit der rechten Nadel hinter der Arbeit von rechts nach links in die Schlinge des Querfadens einstechen, sodass sie sich verdreht, und den Arbeitsfaden um die Nadel legen.

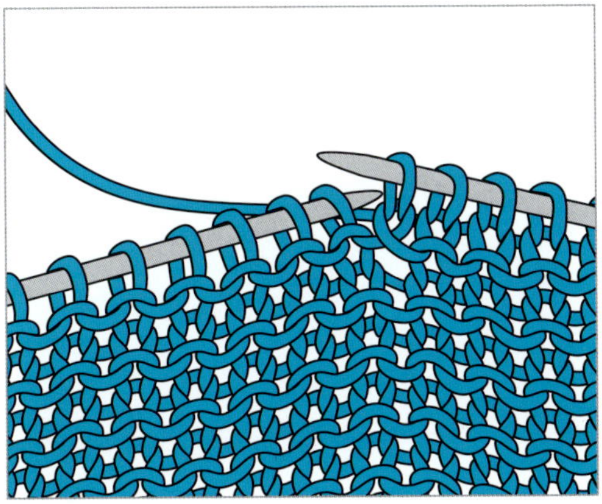

Den Arbeitsfaden nach vorn durchholen und anschließend den Querfaden von der linken Nadel gleiten lassen. So entsteht eine zusätzliche rechte Masche.

1 Masche aus dem Querfaden links verschränkt zunehmen

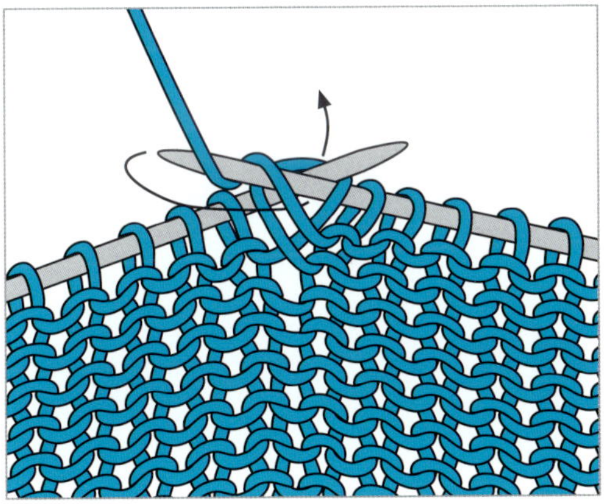

In den hinteren Schlingenteil einstechen. Den Faden durchholen.

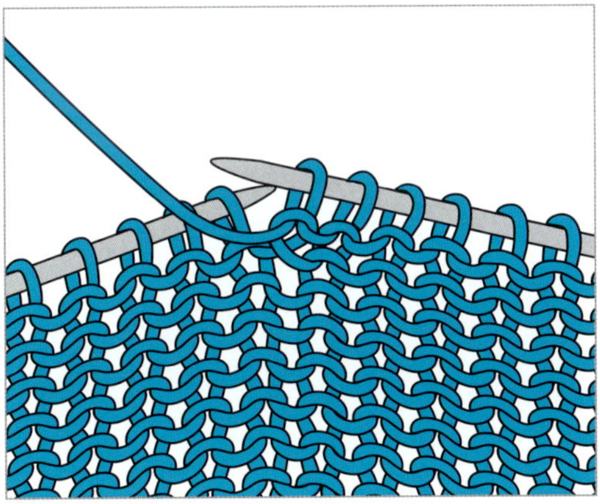

Den aufgenommenen Querfaden von der linken Nadel gleiten lassen.

3 Maschen mit aufliegender Mittelmasche zusammenstricken

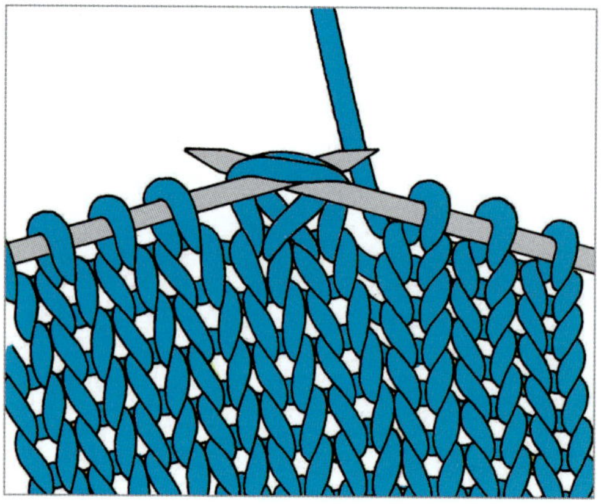

2 Maschen wie zum Rechtsstricken zusammen abheben.

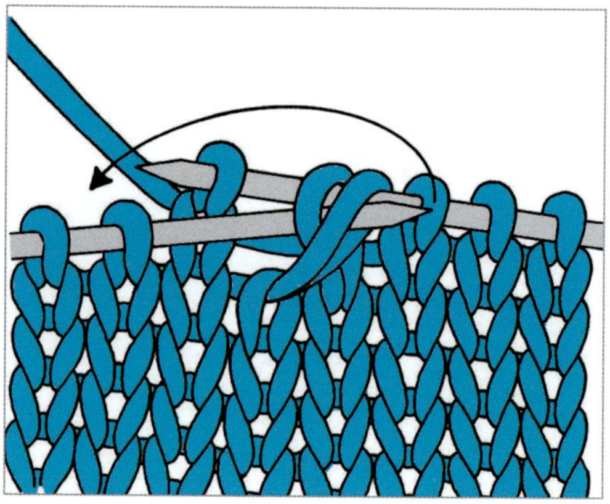

Die nächste Masche rechts stricken und beide abgehobenen Maschen darüber ziehen.

Maschen abketten

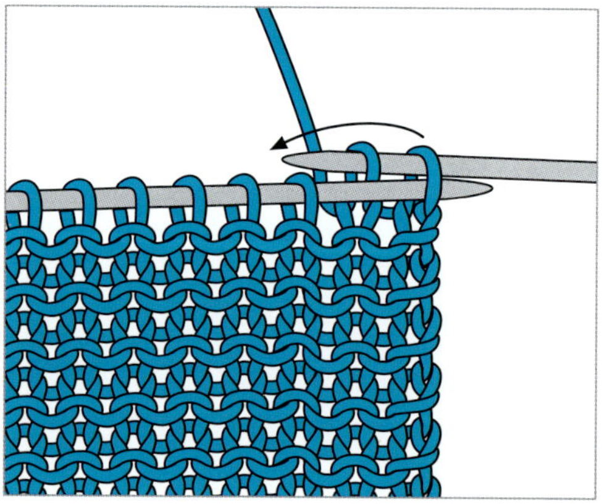

Die ersten beiden Maschen stricken. Mit der linken Nadel in die 1. Masche einstechen, diese über die 2. Masche heben und mit der rechten Nadel die 2. Masche durch die 1. ziehen.

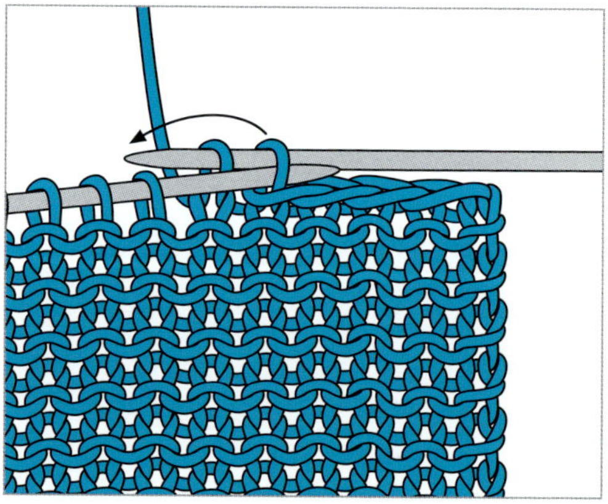

Die nächste Masche stricken und die vorhergehende darüberziehen. Am Ende den Faden abschneiden und durch die letzte Masche ziehen.

Aufstricken

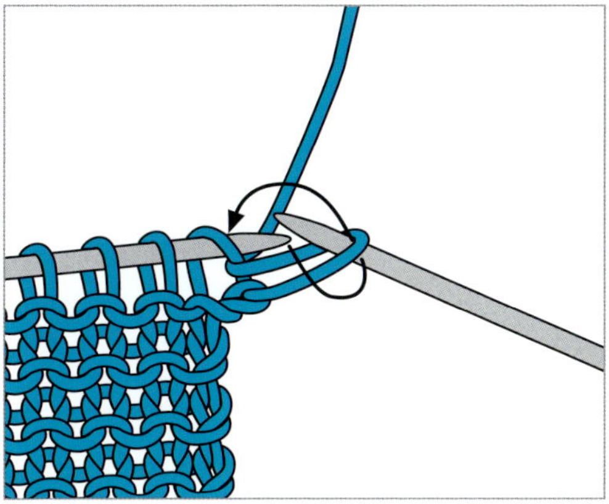

Mit der rechten Nadel in die 1. Masche einstechen, den Faden erfassen und durchziehen.

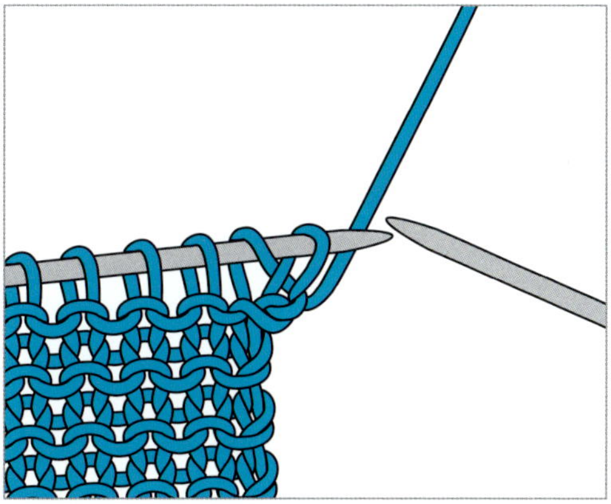

Mit der linken Nadel die Schlinge von vorne nach hinten erfassen (von rechts her einstechen) und als Masche auf die linke Nadel nehmen.

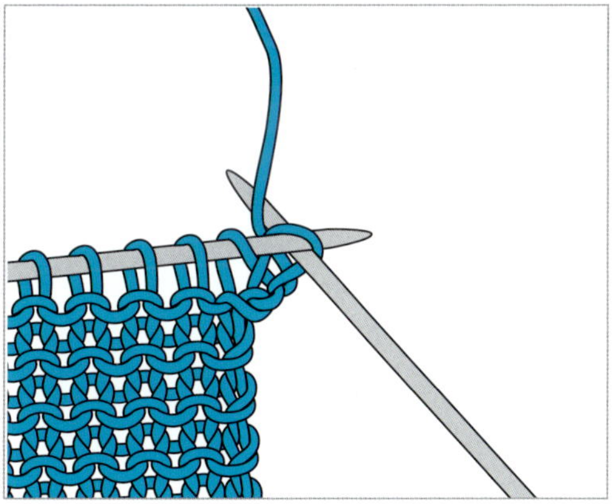

In die neue Masche wieder wie beim Rechtsstricken ein stechen und wie in 1 und 2 beschrieben die nächste Masche aufnehmen.

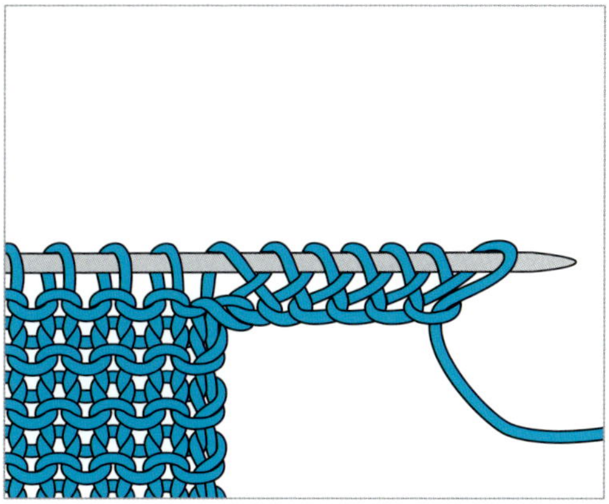

Diese Zunahme stets wiederholen, bis die gewünschte Maschenzahl erreicht ist.

Feste Maschen

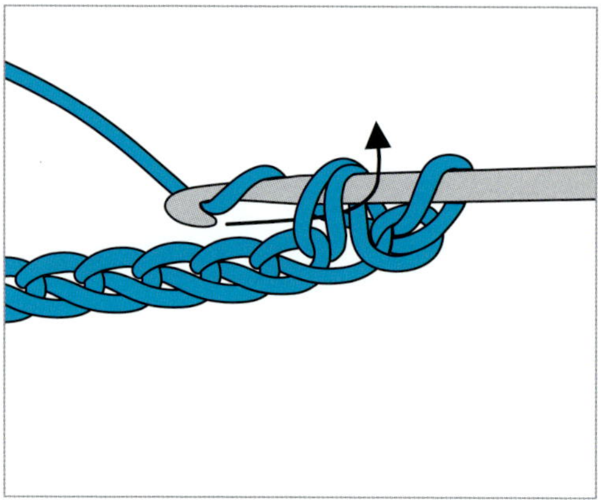

In die 2. Luftmasche von der Nadel aus einstechen, den Faden von hinten nach vorn um die Nadel legen.

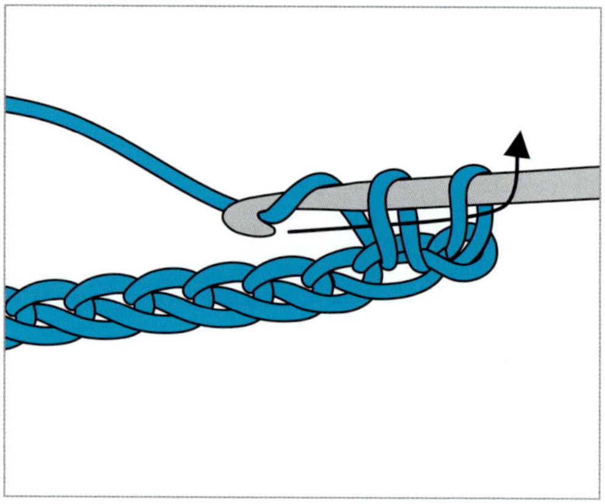

Diesen Umschlag durchziehen, nun liegen 2 Schlingen auf der Nadel. Den Faden erneut um die Nadel legen und durch beide Schlingen ziehen.

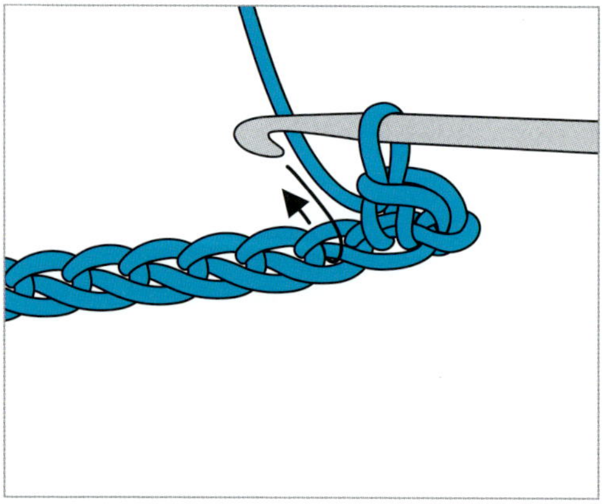

Die 1. Feste Masche ist fertig. Nun in die nächste Luftmasche einstechen und die Schritte 1 und 2 wiederholen.

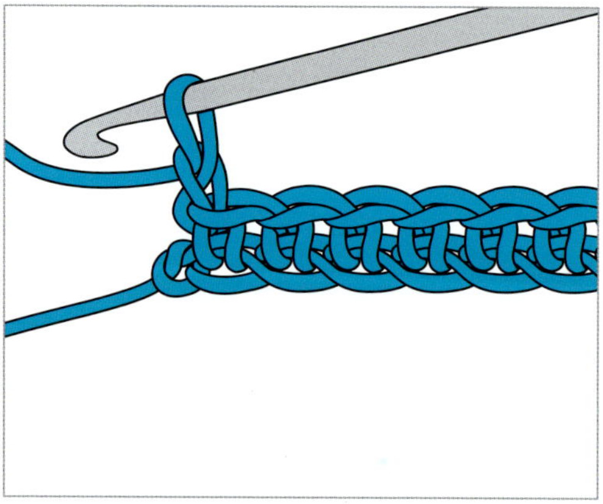

Am Ende der Reihe angekommen, eine Wendeluftmasche arbeiten. Dafür einen Umschlag bilden und durch die Schlinge ziehen.

Pompon

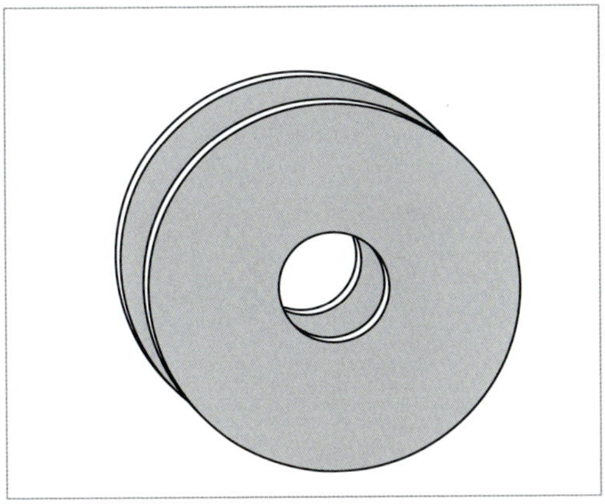

Aus fester Pappe 2 Kreise mit einem mittigen Loch jeweils mit dem in der Anleitung vorgegebenen Durchmesser anfertigen. Diese beiden Pappkreise aufeinanderlegen.

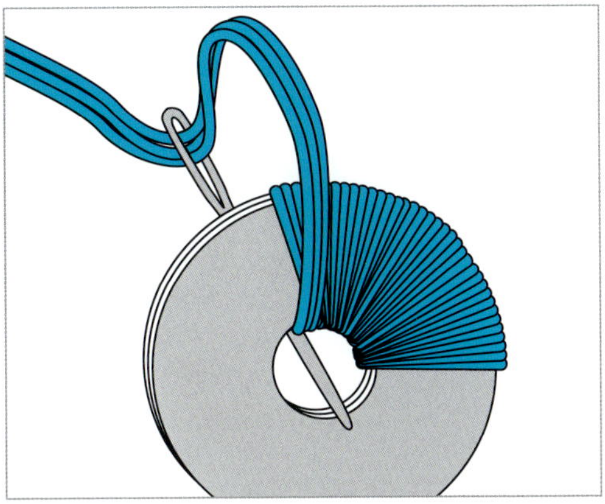

Aus fester Pappe 2 Kreise mit einem mittigen Loch jeweils mit dem in der Anleitung vorgegebenen Durchmesser anfertigen. Diese beiden Pappkreise aufeinanderlegen. Garn mit einer Wollnadel durch die Mitte führen und so den Ring umwickeln.

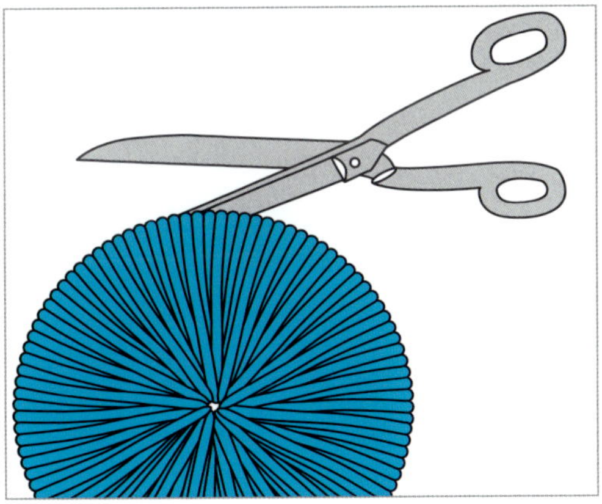

Mit einer Schere die Umwicklung vorsichtig am Rand zwischen den beiden Pappkreisen aufschneiden und die beiden Pappringe nicht mehr als einen Zentimeter auseinanderziehen.

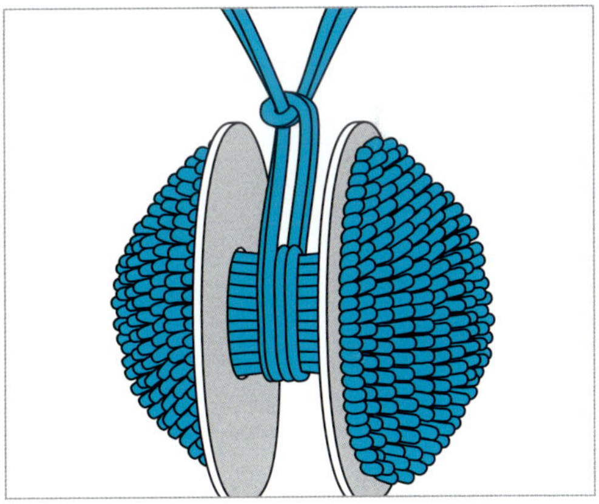

Mit einem doppelten Faden zwischen den Pappringen den Pompon fest abbinden und die Fäden gut verknoten. Mit diesen Fäden kann der Pompon später befestigt werden.

Der Maschenstich

Im Maschenstich lassen sich 2 Reihen offener Maschen so miteinander verbinden, dass sich die Naht als weitere rechte Maschenreihe ins Gestrickte einfügt. Eine solche Naht ist optisch kaum noch zu erkennen und bietet den Vorteil, dass keine überstehenden Nahtenden auf der Innenseite liegen. Daher bietet sie sich gerade für Kinderaccessoires an.

Auf beiden Nadeln benötigt man dazu die gleiche Anzahl an Maschen. Gearbeitet wird mit einer stumpfen Wollnadel und einem Faden des Strickgarns, der etwa 3x so lang ist wie die zu schließende Länge.

Die zu verbindenden Teile können sowohl auf 2 parallel gehaltenen Stricknadeln als auch flach auf dem Tisch liegend verbunden werden. Die Nadelspitzen zeigen beide nach rechts. Nach und nach werden die offenen Maschen von den beiden Stricknadeln in Strickrichtung von rechts nach links verbunden.

Der Maschenstich

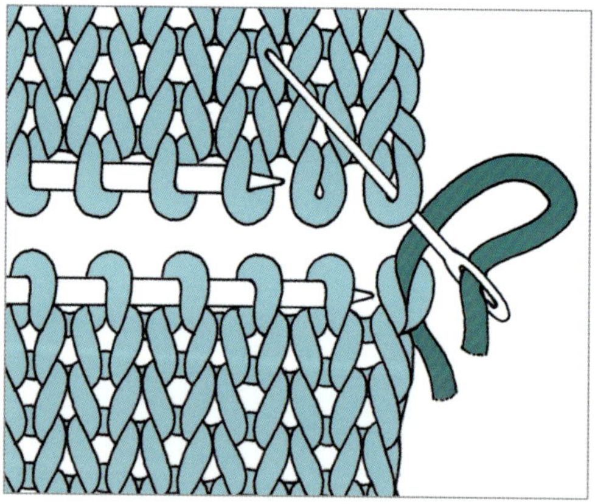

Beginn: Von hinten nach vorne in die untere Randm einstechen, dann von hinten nach vorne in die obere Randm einstechen und den Faden bis auf ein letztes Fadenende zum Vernähen durchziehen. Abb 1.

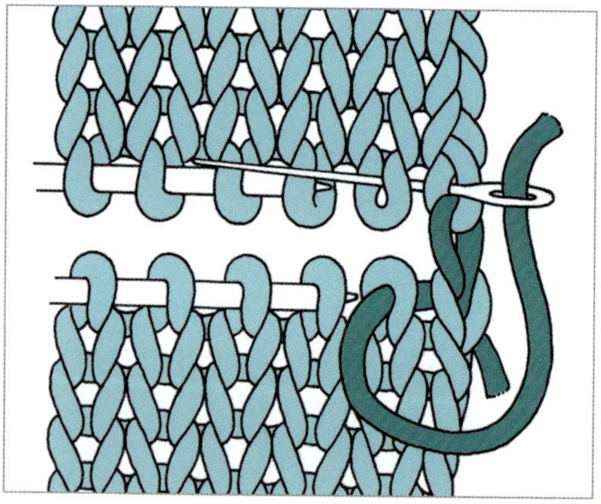

*** In der unteren R von vorne nach hinten in die M einstechen, die zuvor bereits einmal abgenäht wurde, von hinten nach vorne in die nächste M einstechen und den Faden durchziehen.
Dasselbe in der oberen R wiederholen: von vorne nach hinten in die M einstechen, die zuvor bereits einmal abgenäht wurde, von hinten nach vorne in die nächste M einstechen und den Faden durchziehen. Abb 2.

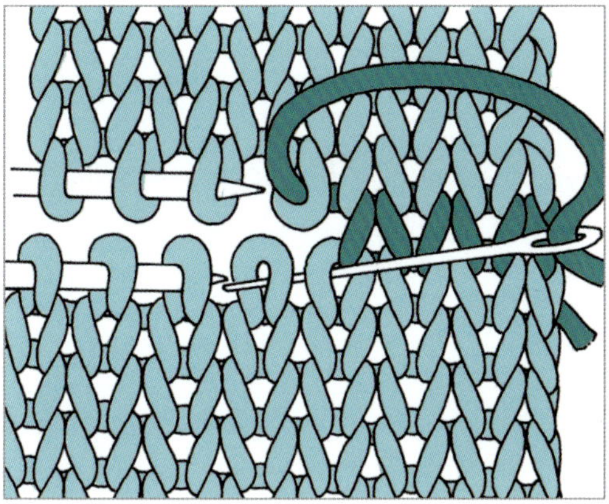

Die Arbeitsschritte ab *** fortlaufend wiederholen, dabei den Faden stets so fest anziehen, dass er sich genau ins Maschenbild einfügt. Abb 3. Auf diese Weise alle M miteinander verbinden.

Schluss: Noch einmal von vorne nach hinten in die untere Randmasche einstechen, dann von vorne nach hinten in die obere Randmasche, den Faden durchziehen und beide Fadenenden vernähen.

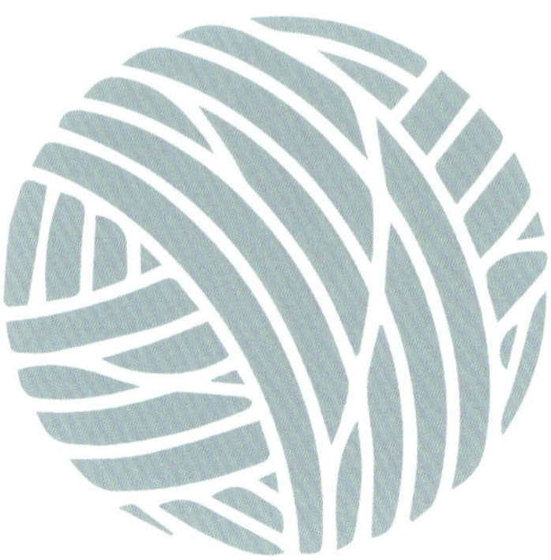

TIPP: Verwenden Sie für Babymützchen glatte, dünnere Garne, die möglichst nicht fusseln, sodass die Mützchen gut anliegen und nicht kratzen. Damit kommen auch die dezenten Muster am besten zur Geltung. Von Vorteil ist es auch, Garne zu verwenden, die sich problemlos waschen lassen.

Impressum

Autorin: Babette Ulmer
Fotos & Styling: Anne Schulz
Technische Zeichnungen: Babette Ulmer
Produktmanagement: Xenia Kuczera
Lektorat: Stephanie van der Linden
Korrektorat: Christiane Gsänger
Umschlaggestaltung: Louise Lemke
Layout und Satz: Sabine Vonderstein
Repro: LUDWIG:media
Herstellung: Kathleen Baumann
Printed by C&C Offset Printing

★★★★★

Sind Sie mit diesem Titel zufrieden? Dann würden wir uns über Ihre Weiterempfehlung freuen. Erzählen Sie es im Freundeskreis, berichten Sie Ihrem Buchhändler oder bewerten Sie beim Onlinekauf. Und wenn Sie Kritik, Korrekturen oder Aktualisierungen haben, freuen wir uns über Ihre Nachricht an Christophorus Verlag, Postfach 40 02 09, D-80702 München oder per E-Mail an lektorat@verlagshaus.de.

Unser komplettes Programm finden Sie unter

www.christophorus-verlag.de

Herstellerverzeichnis

- Buttinette. www.buttinette.de
- Junghans Wollversand, www.jungshanswoll.de
- Lang Yarns, www.langyarns.com
- ONline-Klaus-Koch, www.online-garne.de
- Schoeller, www.schoeller-wolle.de
- Schulana GmbH & Co., www.schulana.de

Die abgebildeten Modelle wurden angefertigt von Birgit Schwer und Babette Ulmer.

Die Deutsche Nationalbibliothek verzeichnet diese Publikation in der Deutschen Nationalbibliografie; detaillierte bibliografische Daten sind im Internet über http://www.dnb.de abrufbar.

ISBN 978-3-8410-6690-9

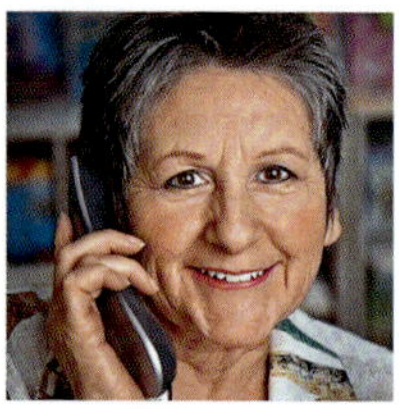

Kreativ-Service

Sie haben Fragen zu den Büchern und Materialien? Frau Erika Noll ist für Sie da und berät Sie rund um alle Kreativthemen. Rufen Sie an! Wir interessieren uns auch für Ihre eigenen Ideen und Anregungen. Sie erreichen Frau Noll per E-Mail: **kreativ-service@c-verlag.de** oder Tel.: **+ 49 (0)89 - 13 06 99 - 577.**

Besuchen Sie uns im Internet: **www.christophorus-verlag.de** & **www.selbstgemacht.d**